내가 복음에 감격하는 것과 타인에게 복음을 전하는 것은 같지 않다. 내가 뜨겁게 은혜 받은 간증이라도, 듣는 이에게는 이해하지 못할 낯선 언어가 될 수 있기 때문이다. 《전도하고 싶어지는 책》은 복음을 세상과 소통하게 하는 '상황화'를 강조한다. 예수님은 우물가 여인에게는 '물'이라는 매개로 영원한 생수를 설명하셨고, 부자 청년에게는 '하늘의 보화'를 언급하며 전도하셨다. 그리고 갈릴리 어부들에게는 '사람을 낚는 어부'가 되리라는 도전을 주셨다. 어느 하나의 잘 짜여진 전도법이 아니라, 각 사람의 형편에 맞게 복음을 전하신 것이다. 지금 우리에게 필요한 것은 진리를 타협하지 않으면서도 무례하지 않은 유연함, 곧 이 시대에 맞는 전도법이다. 이 얇은 책이 전도의 모든 것을 말해주지는 않겠지만, 시대에 맞는 새로운 전도의 시작을 알리는 단비가 되기에는 충분하다. 제목 그대로, '전도하고 싶어지는' 책이다.

고상섭 | 그사랑교회 담임목사, CTCKOREA 이사

이 책의 가장 큰 미덕은 전도를 복잡하게 만들지 않는다는 데 있다. 복음을 전하기에 앞서, 복음으로 자신의 마음을 새롭게 하라는 저자의 단순한 권면은 참 귀하다. 저자는 전도에 대한 부담과 두려움에 갇힌 성도들을 결코 몰아세우지 않는다. 대신 복음이 주는 본연의 기쁨과 확신 속으로 우리를 다시 초대한다. 그래서 이 책은 전도에 관한 책이면서도, 결국 복음 자체를 더 사랑하게 만드는 책이다. 눈에 보이는 전도의 열매를 말하기 전에 내 안에 사라진 복음의 감격을 먼저 회복하고 싶은 모든 이에게 이 책을 추천한다.

김관성 | 낮은담교회 담임목사

많은 그리스도인이 여전히 '전도'를 부담스러워한다. 하지만 복음을 전하는 일은 우리가 이 땅에 남아 있는 이유이기도 하다. 대부분의 전도 관련 책이 '어떻게 말할 것인가'를 다룰 때, 이 책은 '입을 열기 전에 무엇을 준비해야 하는가'라는 더 근본적인 질문에서 출발한다. 맷 스메서스트는 복음을 제대로 붙드는 일, 상대의 세계 속으로 들어가는 일, 그리고 우리가 입을 닫는 진짜 이유가 두려움이 아니라 '사랑의 부족'에 있음을 정직하게 짚어 낸다. 전도의 '기술'이 아니라 전도의 '심장'을 다루기에, 읽고 나면 죄책감이 아닌 기쁨으로 복음을 나누고 싶어진다. 물가에 서서 망설이는 모든 이들에게 이 책은 억지로 등을 떠미는 손이 아니다. 오히려 곁에서 손을 맞잡고 물속으로 함께 걸어 들어가는 친구가 되어 줄 것이다.

김다위 | 선한목자교회 담임목사

믿음을 나누기 어려운 이유는 무엇을 말해야 할지 몰라서가 아니라, 어떻게 입을 열어야 할지 몰라서이다. 《전도하고 싶어지는 책》은 그 망설임과 멈춤의 자리에서 출발해 전도의 기술이 아닌 '마음의 준비'를 다룬다. 저자는 죄책감과 두려움, 관계의 소음 속에서 왜 전도할 때 말이 막히는지 정직하게 짚어 내며, 우리 안에서 복음이 다시 선명해지도록 돕는다. 무엇보다 탁월한 점은 전도의 정의를 '내가 해내야 할 숙제'가 아니라, '하나님이 이루시는 일에 참여하는 순종'으로 돌려놓는다는 데 있다. 믿음을 이야기하기를 주저하는 이들에게 이 책은 부담을 덜어내고, 자신의 삶과 언어로 그 믿음을 표현할 수 있도록 돕는다.

김병삼 | 만나교회 담임목사

우리는 흔히 상대를 설득하려다 과장을 보태고, 잘 설명하고 싶은 욕심에 불필요한 수식어로 본질을 흐리곤 한다. 전도의 현장에서는 그러한 실수가 잦다. 그러나 복음은 그 자체로 완전한 맥락을 갖춘 '하늘의 소식'이다. 따라서 어떠한 수식어 없이 잘 담길 틀만 준비하면 된다. 물론 그 틀을 마련하는 일은 결코 만만치 않다. 우리는 내가 하고 싶은 말에만 집착한 나머지, 정작 상대방이 어떤 마음의 틀을 가지고 있는지 놓치기 때문이다. 결국 시대와 상황에 맞지 않는 유효하지 않은 틀만 내밀게 된다. 이러한 실수 속에서, 저자는 복음을 어떤 틀에 담아 전달해야 하는지를 잘 소개한다. 그의 능력은 팀 켈러의 방대한 사상을 한 권의 책으로 정리하여 펴내는 것에서 이미 입증되었다. 복음의 핵심을 정확히 간파하여 듣는 이에게 고스란히 전해줄 줄 아는 능력 말이다.

박민근 | 이음교회 담임목사

설레는 마음으로 청첩장을 만들던 때를 떠올려 본다. 기쁜 소식을 전할 생각에, 정성껏 그림과 지도를 그리고 문구 하나하나를 고민하며 즐거워했던 기억이다. 이처럼 누군가에게 기쁜 소식을 전하는 일은 본래 즐거운 일임이 틀림없다. 전도는 세상에서 가장 크고 영원한 기쁜 소식인 '복음'을 전하는 일이다. 하지만 '전도'라는 두 글자 앞에서 우리는 늘 즐거움보다 부담이 앞선다. 나를 포함하여 이러한 부담에 짓눌린 모든 이에게 이 책을 권한다. 한 문장 한 문장은 전도가 얼마나 즐겁고 행복한 하나님의 초대인지를 깨닫게 한다. 마침 복음을 전하고 싶은 새로운 만남들을 허락하신 이 시기에, 이 책을 마주하게 하신 하나님께 감사하다.

수이브흐 | 《예쁜 말 성경》 그림 작가, 성경통독모임 '디어바이블' 운영자

이 책은 전도의 '방법' 이전에 '마음의 준비'를 우선하여 다룬다. 복음을 전하기 전 우리가 갖춰야 할 시선을 차분히 정리해 주는 탁월한 저작이다. 저자는 전도를 부담이 아니라 기쁨과 특권으로 회복시키며, 독자로 하여금 자연스럽게 복음을 나누고 싶게 만드는 목회적 지혜를 보여준다. 무엇보다 일상의 작은 현장에서도 늘 따뜻하게 복음을 전하셨던 돌아가신 아버지의 모습이 떠올라 더욱 뜻 깊게 읽었다. 정확하고 따뜻한 번역과 함께, 전도를 향한 저자의 열정과 사랑이 글 속에 깊이 녹아 있음을 온전히 느끼게 한다. 이 책이 전도의 동력을 잃어가는 한국 교회에 복음을 자랑하는 용기를 더해주기를 기대한다. 전도의 본질을 다시 붙들고 싶은 모든 이에게 기쁜 마음으로 일독을 권한다.

안상혁 | 합동신학대학원대학교 총장

솔직히 고백하자면, 나는 전도가 두렵다. 거절당할까 봐, 관계가 어색해질까 봐, 혹은 적절한 말이 떠오르지 않아 침묵하게 될까 봐 늘 주저한다. 그러다 이 책에서 가슴을 찌르는 문장 하나를 만났다. 전도하지 못하는 진짜 이유는 우리 안에 두려움이 '있어서'가 아니라, 영혼을 향한 사랑이 '없어서'라는 지적이다. 맞다. 결국 사랑이 부족했기에 전도하지 못한 것이다. 저자는 전도 기술이 아니라, 입을 열기 전 우리가 갖춰야 할 마음과 태도를 가르쳐 준다. 읽는 내내 정죄감이 아닌 따스한 은혜가 찾아온다. 잃어버린 한 영혼을 향한 뜨거운 사랑을 회복하고 싶은가. 그렇다면 주저 없이 이 책을 추천한다.

우성균 | 행신침례교회 담임목사

모태신앙으로 열심히 교회를 다니며 자랐지만, 부끄럽게도 누군 가에게 당당히 하나님을 전해본 적은 별로 없다. 그러다 2년 전, 성인이 된 후 처음으로 병동 후배에게 복음을 전했다. 사실 작정한 일은 아니었다. 그저 삶의 무게에 힘겨워하는 후배에게 내가 해줄 수 있는 말이 이것밖에 없었다. "나랑 같이 교회 가자. 함께 기도하자. 하나님은 너를 정말 사랑하셔." 이 책은 나처럼 복음 전하기를 망설이는 그리스도인들에게 우리의 입술을 막는 진짜 두려움이 무엇인지 깨닫게 한다. 이어 그 두려움을 넘어 전도로 나아가기 위해 우리가 무엇을 알고 있어야 하는지, 또 어떤 태도를 갖춰야 하는지 친절히 알려준다. 여전히 전도를 마지못해 해내야 하는 '숙제'나 '도장 깨기'처럼 여기고 있다면, 이 책을 통해 전도를 향한 올바른 첫걸음을 떼길 바란다.

윤지혜 | 전 서울아산병원 중환자실 간호사

간호사를 위한 브랜드 '널핏' 마케터

우리는 '전도'라는 단어가 그 어느 때보다 무겁게 느껴지는 시대를 통과하고 있다. 흔히 전도를 기술이나 설득의 문제로 접근하지만, 사실 전도가 멈춘 진짜 이유는 방법론의 부재가 아니라 우리 내면에서 복음이 주는 감격이 식었기 때문일지 모른다. 맷 스메서스트의 이 책은 우리를 다시 '복음의 상류'로 데려다준다. 저자는 전도의 기교를 가르치는 대신, 우리가 입을 열기 전 우리 영혼이 먼저 하나님의 영광 앞에 서야 함을 일깨워 준다. 특히 전도가 사역의 과제가 아닌 '하나님을 향한 예배'라는 통찰은, 두려움에 갇힌 우리에게 참된 자유와 담대함을 선사한다. 사도행전적 교회의 꿈은 결국 전도하는 한 사람의 발걸음에서 시작된다. 완

벽한 상황을 기다리느라 눈앞에 주어진 기회를 주저했던 모든 성
도에게 이 책을 기쁘게 추천한다. 전도는 비장한 결의가 아니라
주님과 함께 걷는 짜릿한 특권임을 깨닫게 될 것이다. 연약한 질
그릇 된 우리를 통해 그리스도의 능력이 세상 속에 선명히 빛나
기를 간절히 소망한다.

이재훈 | 온누리교회 담임목사

대학 시절 선교단체에서 전도 훈련을 받을 때나, 직장에서 복음
을 전할 때, 나는 늘 저자처럼 전도에 대한 고민을 많이 했다. 복
음을 잘 전하고 싶은 간절함에 수많은 전도 관련 책을 찾아 읽기
도 했다. 이 책은 '세계관'이라는 도구를 전도에 탁월하게 접목했
다. 복음을 전할 대상의 세계관을 깊이 이해하고 관계 안에서 유
연함을 갖추되, 어떻게 기독교 세계관의 핵심을 지혜롭게 제시할
수 있는지를 상세히 안내한다. 그동안 읽어 온 여러 전도 책의 장
점들을 하나하나 실로 꿰어 만든 아름다운 작품처럼 느껴졌다.
지금 이 시점에서 누군가에게 전도에 관한 책을 한 권만 추천해
야 한다면, 나는 단연코 이 책을 추천하고 싶다.

전광진 | 수지예본교회 담임목사

전도는 늘 부담이었다. '전도'의 당위는 있지만, 그것이 실제적인
행동으로 이어지지는 못했다. 저자는 우리가 복음을 전하지 못하
는 진짜 이유가 사랑이 '없어서'라고 말한다. 책에 등장하는 무신
론자 '펜 질레트'의 말이 나를 숙연하게 만든다. "영원한 생명의
길이 있다고 믿으면서도 끝내 말해주지 않는다는 것은, 그 사람
을 얼마나 끔찍하게 미워한다는 뜻인가?" 이 책은 우리가 전해

야 할 복음의 핵심을 짚어 주는 동시에, 그 메시지가 세상에 '시대의 옷'을 입고 전달되어야 함을 강조한다. 복음이 들리지 않는 이유와 그 복음을 어떻게 들려줄 수 있을지에 대해 아주 구체적이고도 친절하게 안내한다. 그리고 마침내 이 아름다운 일에 우리를 초청한다. 저자의 이 따뜻한 초청에 기쁜 미소로 응하는 우리가 되기를 기대한다.

조영민 | 나눔교회 담임목사

우리는 흔히 '무엇을 책으로 배웠다'라는 말을 이론에만 치우쳐 현실 감각이 떨어진 상태를 지적할 때 사용한다. 그런 의미에서 《전도하고 싶어지는 책》이라는 제목을 처음 봤을 때, 궁금증과 함께 걱정이 앞설지도 모른다. 그러나 이 책을 펼치는 순간 이런 고민은 사라진다. 이 책은 전도의 '방법'이나 '기술'을 그저 나열하는 데 그치지 않고, 전도자가 마땅히 갖춰야 할 '마음가짐'이라는 본질을 다루고 있기 때문이다. '전도'라는 단어가 부담으로 다가오는 성도들에게 이 책을 추천한다. 이 책을 통해 복음의 기쁨을 온전히 누리며, 저절로 입이 열리게 되어 복음을 전하는 놀라운 변화를 경험하길 바란다.

주경훈 | 오륜교회 담임목사

교회 주변으로 새로운 아파트 단지가 들어선다. 젊은 부부들이 유아차를 끌고 교회 앞을 지나가고, 아침저녁으로는 반려견과 산책하는 젊은이들의 발길이 이어진다. 주말마다 주보를 나누어 주지만, 조심스레 거절하며 지나치는 이들이 많아진다. 이들에게 우린 어떻게 다가가야 할까? 이웃에게 우리 교회를 진심으로 소개하고 싶은 이들에게 꼭 필요한 책이 나왔다. 소중한 사람들에게 예수님의 이야기를 전하고 싶은 분들이 꼭 읽어야 할 책이다. 자신 있게 복음을 전하다가도 반복되는 거절에 어깨가 움츠러 들었던 분들에게 이 책을 권한다. 전도를 의무가 아닌, 사랑의 이야기로 풀어낸다. 우리 교회 공동체 전체가 함께 묵상할 만한 실천적 조언과 아이디어로 가득한 보배 같은 책이다.

황인권 | 디자이너, 《5無 교회가 온다》 저자

약 50년 전, 내가 막 그리스도인이 되었을 때 존 스토트가 쓴 전도에 관한 소책자 두 권을 읽었다. 그 책들이 내 인생을 송두리째 바꿔 놓았다. 맷 스메서스트가 쓴 이 얇은 책은 내가 그때 읽었던 책들 못지않게 탁월하다. 게다가 오늘 이 시대에 더욱 적실하다. 일단 읽어 보라. 당신의 인생도 바뀔지 모른다.

팀 켈러 | 리디머 장로교회 설립자, 《내가 만든 신》 저자

맷 스메서스트는 하나님의 백성에게 정말 귀한 선물을 건넸다. 전도를 준비하도록 돕는 더없이 값진 지침서다. 전도 훈련에서 흔히 간과하거나 당연시하며 넘어가는 주제들을 정면으로 다룬다. 문체는 유려하고, 문장마다 복음의 은혜가 짙게 배어 있다.

랜디 뉴먼 | C. S. 루이스 연구소 선임 연구원, 《가족 전도》 저자

전도라고 하면 우리는 대부분 '어떻게' 부터 떠올린다. 하지만 맷 스메서스트는 '어떻게'로 뛰어들기 전에, 애초에 '왜' 뛰어들어야 하는지부터 차근차근 풀어 준다. 놀라울 정도로 유익하다. 이 책은 전도의 이유를 마음에 새기게 하며, 하나님의 영광을 위해 기꺼이 전도에 뛰어들도록 은혜롭게 등을 떠민다.
셀비 애벗 | 캠퍼스 사역자[Cru], **팟캐스트/라디오**[FamilyLife] **진행자**

복음을 전하고 싶지만 여전히 주저하는 우리 모두에게 꼭 필요한 책이다. 우리가 선포하는 복음이 무엇인지, 그 길에서 마주치는 장애물은 무엇인지, 그리고 그 모든 것을 이기시는 하나님이 어떤 분인지 선명하게 보여 준다. 하나님이 교회에 맡기신 사명을 기쁜 마음으로 감당하고자 하는 모든 이에게 이 책을 강력히 추천한다.
데릭 리쉬마위 | 캠퍼스 사역자[RUF], **팟캐스트**[Mere Fidelity] **공동 진행자**

성경적 충실성을 지키면서도 이토록 따뜻하고 매력적인 전도 책을 쓰기란 결코 쉽지 않다. 맷 스메서스트는 마치 '플레잉 코치'처럼 우리 곁에서 함께 걸으며, 믿음을 나누는 데 필요한 기본기들을 하나씩 짚어 준다. 담대한 이들에게는 더 분명한 길을 보여 주고, 두려워하는 이들에게는 새로운 용기를 북돋아 줄 것이다.
맥 스타일즈 | 메신저 미니스트리 디렉터, 《전도》 저자

목회적 지혜와 신학적 명료함이 가득한 책이다. 그리스도를 향한 열정과 잃어버린 영혼들을 향한 갈망을 불러일으킨다. 전도를 격려하는 얇은 책 중 이보다 나은 책을 떠올리기란 쉽지 않다. 친구들과 함께 읽고, 믿음을 나누기 시작하라.
글렌 스크리브너 | 스피크 라이프 CEO, 《기독교, 우리가 숨 쉬는 공기》 저자

우리는 왜 친구들에게 예수님을 더 자주 전하지 못할까? 단지 기회가 없어서만은 아니다. 진짜 장애물은 바깥이 아니라 우리 내면에 더 많을지 모른다. 이 책은 그 장애물을 걷어 내고, 제목이 약속하는 것처럼 당신이 믿음을 나누도록 강력한 동기를 불어넣을 것이다. 분명, 이 책은 당신과 당신의 친구들 모두의 삶을 바꾸는 계기가 될 것이다.

샘 찬 | 시티 바이블 포럼 수석 멘토, 《회의적인 세상에서의 전도》 저자

전도에 관한 유쾌한 책이다. 맷 스메서스트는 막연히 기회만을 기다리기보다, 기회가 오기 전에 무엇을 준비해야 하는지에 집중한다. 글은 명확하고 간결하며, 통찰력과 설득력이 돋보인다. 아주 중요한 주제를 다룬 매우 값진 결과물이다.

레베카 피펏 | 《빛으로 소금으로》, 《좋아서 하는 전도》 저자

사람들은 종종 일을 너무 복잡하게 만든다. 성경 공부 계획을 짜면서 정작 성경책을 펼치지 않는다. 제자훈련의 길을 만든다면서 지도가 아닌 미로를 설계하기도 한다. 그래서 나는 이 책을 사랑한다. 이 책은 우리가 마주한 도전들을 회피하지 않으면서도, 많은 전도 책이 놓치기 쉬운 '복음의 단순함과 경이로움'을 정확히 보여 준다. 맷은 한 걸음 물러서서, 누구라도 낯선 이나 친구에게 이 기쁜 소식을 전할 준비를 할 수 있음을 차분히 일깨워 준다. 이 책을 읽고, 그대로 실천하라. 정말 그렇게만 하면 된다.

에드 스테처 | 탈봇 신학대학원 학장

솔직히 나조차도 마땅히 믿음을 나누어야 할 때 그러지 못할 때가 있다. 그러나 이 얇은 책은 나를 더 부끄럽게 만들려는 책이 아니다(그쪽이라면 이미 충분하다). 오히려 더 잘할 수 있도록 돕는 책이다. 이 문제에서 단 한 번도 흔들린 적 없는 그리스도인이라면 이 책을 읽지 않아도 좋다. 하지만 그렇지 않다면, 감사한 마음으로 이 책을 곱씹어 읽기를 권한다.

D. A. 카슨 | 복음연합[TGC] 공동 설립자

전도하고 싶어지는 책

복음을 전할 준비

BEFORE YOU SHARE YOUR FAITH

Before you Share your Faith

펫 스페셜트

전도하고
싶어지는

책

복음을

전할 준비

구름이 머무는 동안

일러두기

ㅡ 별도의 표기가 없는 한, 성경 인용은 개역개정판을 사용하였습니다.

복음 중심으로 사는 삶을 보여 주시고,

그리스도를 전하는 짜릿한 특권을 가르쳐 주신

댄 플린께.

차례

전도하기를 망설이는 이들에게

서문

나는 '전도 책'을 좋아하면서도, 한편으로는 부담스럽게 느낀다. 물론 그 책들이 내게 큰 도움을 준 것은 분명하다. 돌아보면 내가 복음을 열심히 전하던 시기는, 전도 책을 꾸준히 읽던 때였다. 반대로 영적으로 무기력했던 시기에는, 이 주제에 별 관심이 없었다. 과연 이것이 정말 우연이었을까?

나는 몸에 좋은 걸 피해 다니는 재주가 있다. 운동이나 케일, '전도 책' 같은 것들 말이다. (가끔 전도 책에서는 케일 맛이 나는 것 같기도 하다.)

사실 내가 전도 책을 피하는 진짜 이유는 따로 있다. 그런 책들이 마음 한구석에 눌러두었던 것을 자꾸 끄집어내기 때문이다. 머릿속에서 낮게 웅웅거리는 죄책감이 이렇게 속삭이곤 한다. "너는 참 형편없고 기복

이 심한 전도자구나.”

그런 내가 지금 전도에 관한 책을 쓰고 있다니, 뻔뻔하기도 하지. 하지만 분명히 해두고 싶다. 나는 전도의 ‘방법’을 가르치려는 것이 아니다.

이 책은 전도의 실전 기술을 다루는 안내서가 아니다. 그런 거라면 나보다 훨씬 능숙한 이들에게 맡기겠다. 내가 정말 말하고 싶은 것은 ‘입을 열 준비’에 관한 이야기다. 전도 대화를 시작하기 전에 필요한 준비 말이다.

《성경 읽고 싶어지는 책》[1]에서도 말했듯이, 어떤 일을 할 때는 ‘무엇을 하느냐’만큼이나 ‘어떻게 시작하느냐’가 중요하다. 운동 경기만 봐도 그렇다. 흔히 스포츠는 인생의 축소판이라고 한다. 경기 전 몸을 푸는 축구 선수든 출발선에 선 육상 선수든, 그 순간의 마음가짐이 그날의 승패를 결정한다.

전도에 관한 책은 이미 많다. 그중에는 정말 훌륭한 책도 많다. 하지만 대부분 전도라는 강에서 너무 ‘하류'에서부터 이야기를 시작한다. 정작 내게 필요한 건, '상류'에서부터 도와 줄 책인데. 나는 물가에 서서 망설일 때가 많다. 확신이 부족해 몸이 굳어 버리고, 선뜻 물속으로 들어갈 준비가 되어 있지 않은 것이다.

때로는 연습이 부족하다는 생각에 멈칫한다. 앞서 말한 죄책감이나 그에 따른 자신감 부족이 발목을 잡을 때도 있다. 오랫동안 쌓여 온 두려움이 문제일 때도 있다. 아니, 더 정확히 말하면 사랑이 부족해서일지도 모른다. 하나님을 바라보는 시야가 좁아지면, 사람은 필요 이상으로 커 보이고, 위협적으로 느껴지니까.[2]

당신이 어떤 이유로 이 책을 집어 들었는지 모른다. 어쩌면 스스로 선택한 게 아닐 수도 있다. (누군가 말없이 이 책을 불쑥 건넸을지도 모르겠다.) 이유가 무엇이든, 우리는 지금 여기서 '전도'에 대해 함께 생각하게 되었다. 성령께서 이 글을 통해 당신의 생각을 정리해 주시고, 마음에 힘을 더해 주시기를 바란다. 그래서 당신의 삶을 바꾸어 놓으신 그분을, 기쁨과 기대 속에서 전하기를 바란다.

전도보다 이야기할 가치가 큰 주제는 없다. 그런데 이 주제만큼 말문이 막히는 것도 없다.

이 영적인 딜레마를 어떻게 풀 수 있을까. 나는 그 실마리가 복음을 나누기 전, 우리가 입을 열기까지의 시간 속에 숨어 있다고 생각한다.

전도하기를 망설이는 이들에게

가장 먼저 할 일

the Gospel

두 가지 시선

진짜 세계

어긋남의 시작

82승 0패

가장 중요한 질문

1

믿음을 나누기 전에 준비해야 할 것이 있다. 가장 먼저는 복음을 제대로 이해하고 붙드는 일이다. 이것이 빠지면 나머지는 의미가 없다. 복음, 곧 기독교의 좋은 소식을 모른 채 전도할 수는 없기 때문이다.

요즘 교회를 보면 '복음'이라는 말이 너무 쉽게 쓰인다. 그러다 보니 그 무게도 가벼워졌다. 복음은 좋은 소식이다. 여기서 '소식'에 주목해야 한다. 기독교가 다른 종교와 구분되는 지점도 여기에 있다. 기독교는 윤리 규범도 아니고, 더 나은 삶을 위한 조언도 아니다. 무엇보다 좋은 소식의 선포다.

복음을 이해하는 데 신학교 학위는 필요 없다. 목사나 전도사가 될 필요도 없다. 기독교인 된 지 5분이 채 지나지 않은 사람이라도, 다른 이에게 나눌 만큼 복

 가장 먼저 할 일

음을 분명히 이해할 수 있다.

핵심은 단순하다. 이천 년 전, 하나님이 직접 개입하셨다. 예수님 안에서 하늘이 땅에 임했고, 그분은 완전히 새로운 나라를 여셨다.[3] 그분은 33년 동안 하나님 앞에서 신실하게 사셨다. 우리가 끝내 살아 낼 수 없는 삶이었다. 그리고 우리를 너무나 사랑하신 나머지 우리 대신 죽으셨다. 우리가 살았던 죄 많은 삶을 그분이 사신 것처럼 여겨 주셨고, 그분이 사셨던 의로운 삶을 이제 우리가 덧입게 되었다.

그 후, 예수님은 무덤에 묻히셨다. 하지만 그것이 끝은 아니었다. 사흘 뒤, 그분은 다시 살아나 무덤 밖으로 걸어 나오셨다. 이제 누구든 반역의 길에서 돌이켜 예수님을 믿기만 하면, 이 땅에서뿐만 아니라 그 이후의 삶에서도 그분과 하나가 된다. 대놓고 악을 저지르는 반역이든, 종교의 가면을 쓴 은밀한 반역이든 상관없다. 믿는 자들은 언젠가 새롭게 바뀔 이 땅에 어울리는 새 몸으로 다시 태어날 것이다. 우리는 성부, 성자, 성령 하나님이 누리시는 기쁨 속으로 들어가 그분과 함께 영원히 다스릴 것이다.

불신이 가득한 이 시대에, 이런 이야기는 순진한 아이들이나 읽는 동화처럼 터무니없게 들릴지도 모른다. 사실이라고 하기엔 너무 완벽한 이야기니까. 하지만 이 소식은 분명한 사실이다. 다만 우리가 받을 자격이 없을 뿐이다. 사실 이건 어떤 노래 가사처럼 전혀 공평하지 않다. "내가 왜 그분이 받아야 할 보상을 누리는 걸까? 나는 도저히 모르겠네."[4]

자비는 결코 공평하지 않다. 그래서 '자비'라고 부르는 것이다.

　가장 먼저 할 일

두 가지 시선

높은 곳에서 내려다보아야 잘 보이는 것들이 있다. 동네의 크기, 길의 방향, 사람들이 모인 정도 같은 것이다. 반대로 땅을 걸으며 보아야 알 수 있는 것들도 많다. 이 두 시선은 한 지역을 이해하는 데 유익할 뿐 아니라 반드시 필요하다. 상공의 시선 없이 거리의 시선만 고집하면 큰 틀을 놓치기 쉽고, 거리의 시선 없이 위에서만 보면 구체적인 내용이 비어 버린다. 어느 쪽이든 결국 반쪽짜리 이해일 뿐이다.

물론 이건 지리 이야기다. 우리가 사는 곳의 역사와 문화를 배우려면 또 다른 방식이 필요하지만, 지리 하나를 보더라도 다양한 각도에서 살피지 않으면 시야는 쉽게 굳고 왜곡된다. 그러면 그곳이 가진 풍성함을 있는 그대로 누리는 감각도 무뎌진다.

복음도 성경에서 두 관점, 곧 "하늘에서"와 "땅에서" 보아야 유익하다.[5] 태양이 둘일 수 없듯 복음도 하나다. 다만 그 하나의 복음을 두 각도에서 바라볼 때 더 풍성하고 선명해진다.

"하늘에서" 바라보면 복음은 창세기부터 요한계시록까지 이어지는 하나의 웅장한 이야기다. 이 줄기는 창조와 타락, 구속과 새 창조라는 굵직한 장면들로 펼쳐진다. "땅에서" 바라보면 그 웅장한 이야기가 우리 같은 죄인에게 어떻게 '좋은 소식'이 되는지 구체적으로 드러난다. 그 안에는 하나님과 인간, 그리스도, 그리고 우리의 응답이 담겨 있다.

이 장을 시작하면서 복음을 짧게 요약했다면, 이제는 그 내용을 조금 더 채워 보려 한다. 이 두 가지 시선을 한 번에 붙잡는 방법은, 복음을 네 가지 흐름으로 정리해 보는 것이다. 바로 '통치자, 반역, 구원, 응답'이다. 이제 이 흐름을 따라 복음을 다시 짚어 보려 한다. 이 정리가, 당신이 믿음을 더 풍성하게 나누는 데 도움이 되기를 바란다.

진짜 세계

성경은 이렇게 시작한다. "태초에 하나님이 ……"(창 1:1). 이 문장은 현실이 무엇인지에 대한 역사상 가장 본원적인 진술이다.

하나님은 이 세상의 모든 것을 창조하시고, 붙드시며, 다스리신다. 문화 속 오해와 달리, 그분은 하늘의 산타도 아니고, 우주의 자동판매기도 아니며, 툭하면 호통치는 교관이나 무책임한 아버지도 아니다. 그분은 영광의 왕이시고 사랑의 주이시다. 사실 하나님은 세 위격이 영원히 사귐을 나누는 공동체 그 자체이시다. 성부는 성령의 기쁨 안에서 성자를 사랑하신다. 이렇듯 사랑과 기쁨의 하나님이 곧 '삼위일체'이시기에, 세상의 중심에는 바로 '사랑'이 놓여 있다.[6]

이 삼위일체 하나님이 당신과 나를 그분의 형상대로 지으셨다. 그분의 사랑을 알고 누리게 하시기 위함이다. 우리는 하나님께로부터 지음받은 존재다(우리를 소유할 수 있는 분은 하나님뿐이라는 뜻이다). 또한 우리는 하나님을 위해 지음받았다(우리를 만족시키실 분도 하나님뿐이라는 뜻이다). 인간은 처음부터 성공이나 인기, 여가나 로맨스, 심지어 자기 자신보다 창조주 안에서 의미와 성취와 생명을 찾도록 '맞춤 설계' 되었다.

그렇다면 당신의 삶은 정말로 창조주 안에서 충분히 만족하며, 그분을 삶의 가장 높은 자리에 두는 이야기로 채워지고 있는가? 적어도 내 삶은 그렇지 못했다.

도대체 어디서부터 어긋났던 것일까?

　　　　　　　　가장 먼저 할 일

죄는 겉으로 드러나는
잘못된 행동이나 사소한
실수 정도가 아니다

성경이 말하는 죄는
결코 가볍지 않다

그것은 온 우주를 향한 반역이며
하늘 자체를 거스르는 일이다

어긋남의 시작

우리는 늘 엉뚱한 곳에서 사랑을 찾는다. 마음 어딘가가 어긋나 있기 때문이다. 인류의 첫 조상 아담과 하와가 하나님께 등을 돌렸던 그때처럼 말이다. 그들은 삶의 주도권을 쥐고 자기 뜻대로 살기로 했다. 그 선택은 하나님의 세상을 깨뜨렸고, 그 형상을 닮은 우리를 죄라는 깊은 바다 속으로 빠뜨렸다. 그들의 후손인 우리는 창조주를 위해 살지 않고, 우리 자신을 위해 산다. 죄는 우리 마음을 뒤틀고, 사랑의 순서를 바꾸어 놓았다. 타고난 본성과 스스로의 선택으로, 우리는 사랑의 주님께 등을 돌린 채 살아간다.

죄를 그저 작은 실수 정도로 여기기 쉽다. 겉으로 드러나는 버릇없는 행동이나, 하늘에서 날아온 주차 위반 딱지 정도로 생각하는 것이다. 하지만 성경이 말하는 죄는 결코 가볍지 않다. 죄는 온 우주를 향한 반역이며, 하늘 자체를 거스르는 일이다.

죄의 본질을 이해하려면 적어도 두 가지를 꼭 기억해야 한다.

첫째, 죄는 어떤 '행위' 이전에 '관계'의 문제다. 아담과 하와가 하나님을 배신했을 때, 그건 부주의해서 저지른 실수가 아니었다. 마음 깊은 곳에서 시작된 명백한 배반이었다. 그래서 성경은 죄를 '영적 간음'이라고 부르기도 한다. 우리는 필사적으로 하나님이 아닌 다른 것들을 삶의 중심에 두려 애썼다. 하나님이 주신 좋은 선물들을, 정작 그 선물을 주신 분보다 소중히 여기며 맞바꾼 것이다.

둘째, 죄는 사람 사이의 문제이기보다 하나님과의 문제다. 사람 사이에서 벌어지는 죄의 결과도 참혹하지만, 그 뿌리는 결국 하나님과의 관계가 끊어진 데 있다. 하나님이 "내 마음에 맞는 사람"이라 부르셨던 다윗조차 자신의 처지를 이렇게 고백했다.

무릇 나는 내 죄과를 아오니 내 죄가 항상 내 앞에 있
나이다 내가 주께만 범죄하여 주의 목전에 악을 행하
였사오니(시 51:3-4; 창 39:9, 눅 15:21 참조).

흥미롭게도 영어에서는 '죄들'sins이라는 복수형보
다 '죄'sin라는 단수형이 더 본질적인 의미를 담고 있다.
행위보다 상태가 먼저라는 뜻이다.[7] 결국 우리는 죄를
지어서 죄인이 되는 것이 아니라, 죄인이기 때문에 죄
를 짓게 되는 셈이다.[8]

문제는 여기서 끝나지 않는다. 나밖에 모르는 삶
과 하나님보다 앞세운 수많은 우상 때문에, 우리와 하
나님 사이에는 도저히 메울 수 없는 깊은 틈이 생겨 버
렸다. 이사야 선지자는 이렇게 말한다. "오직 너희 죄
악이 너희와 너희 하나님 사이를 갈라 놓았고 너희 죄
가 그의 얼굴을 가리어서 너희에게서 듣지 않으시게
함이니라"(사 59:2). 우리는 하나님의 설계를 거부했고,
그 결과 생명과 사랑이 솟아나는 근원으로부터 뚝 끊
어지고 말았다. 그리고 죽음 뒤에는 반드시 '정의의 시
간'이 찾아온다. "한 번 죽는 것은 사람에게 정해진 것
이요 그 후에는 심판이 있으리니"(히 9:27).

　　　　　　　　　　　　　가장 먼저 할 일

죄의 결과는 분명하다. 우리는 하나님의 진노 아래 놓여 있다. 하나님은 거룩하시기에 죄를 결코 그냥 넘기실 수 없다. 바울은 믿는 자들에게 이렇게 물었다. "만일 하나님이 우리를 위하시면 누가 우리를 대적하리요"(롬 8:31)? 그러나 이 말을 거꾸로 해도 맞다. 만약 하나님이 당신을 대적하신다면, 대체 누가 당신을 위하겠는가?

복음을 붙들려 할 때 피할 수 없는 질문이 있다. "천국에 가려면 얼마나 착해야 할까?" 답은 충격적이다. 하나님만큼 선해야 한다. 하나님이 보시기에 티 하나 없이 완전한 사람만이 그분과 영원히 살 수 있다.

이처럼 도덕적으로 완전해야 한다는 요구는 우리에게 절망적인 소식이다. 만약 우리 힘으로 그 기준을 채워야 한다면, 우리 앞에는 지옥이라는 절망적인 미래만 남을 것이다. 지옥은 단순히 하나님의 은혜가 사라진 곳이 아니라, 그분의 옳고 선한 공의가 반드시 실현되는 곳이기도 하다.

바울은 에베소 교인들에게 이렇게 설명한다.

그는 허물과 죄로 죽었던 너희를 살리셨도다 그 때에 너희는 그 가운데서 행하여 이 세상 풍조를 따르고 공중의 권세 잡은 자를 따랐으니 곧 지금 불순종의 아들들 가운데서 역사하는 영이라 전에는 우리도 다 그 가운데서 우리 육체의 욕심을 따라 지내며 육체와 마음의 원하는 것을 하여 다른 이들과 같이 본질상 진노의 자녀이었더니(엡 2:1-3).

하지만 바울은 여기서 끝내지 않고 이렇게 덧붙인다. "그러나 ……."

당신의 영원한 운명이 이 한 단어, "그러나"에 달려 있다는 사실을 생각해 본 적이 있는가?

가장 먼저 할 일

82승 0패

역사 속에 한 사건이 일어났다. 예수 그리스도께 자신의 구원을 맡긴 이들의 삶은 그날 이후 완전히 뒤바뀌었다. 그 결정적인 사건은 바로 이 한 단어에서 시작된다. "그러나."[9]

> [그러나] 긍휼이 풍성하신 하나님이 우리를 사랑하신 그 큰 사랑을 인하여 허물로 죽은 우리를 그리스도와 함께 살리셨고 (너희는 은혜로 구원을 받은 것이라)(엡 2:4-5).

하나님의 백성은 오랜 세월 하나님께 반역해 왔다. 그런데 하나님의 아들이 직접 우리에게 오셨다. 마리아의 몸에 잉태되신 그분은 아기로 태어나 자라 한 남자가 되셨다. 우리가 도저히 하나님께 닿을 수 없었기에, 하나님께서 먼저 우리에게 손을 내미신 것이다

(히 2:14-15). 예수님은 나사렛의 목수로 살아가시며, 서른세 해 동안 하늘 아버지께 한결같은 사랑과 순종을 드리셨다. 그분은 수많은 기도를 드리셨지만, 죄를 자백하는 기도는 단 한 번도 드리지 않으셨다. 자백할 죄가 전혀 없으셨기 때문이다.

예수님은 아담이 실패했던 '완벽한 삶'을 사셨다. 이스라엘도, 우리도 결코 살아 내지 못한 삶이었다. 성경은 예수님이 "죽기까지 복종하셨으니 곧 십자가에 죽으심이라"(빌 2:8)고 말한다. 율법을 세우신 분이 그 율법을 완전히 지키셨고, 그 율법을 어긴 우리 대신 죽으셨다.[10]

우리는 이제 기독교 신앙이 가장 선명하게 드러나는 자리, 바로 예수 그리스도의 죽음 앞에 서 있다. 십자가에서 하나님은 완전하신 자신의 아들을, 결코 완전할 수 없는 자들의 죄를 대신해 벌하셨다.

그러나 그것이 전부는 아니다. 하나님이 우리 죄를 없애 주시기만 하셨다면, 우리는 그저 '0'의 상태로 되돌아온 것에 불과했을 것이다.

가장 먼저 할 일

이렇게 한번 생각해 보자. NBA 정규 시즌은 82경기다. 단 한 번도 지지 않는 '완벽한 시즌'을 보낸 팀은 아무도 없다. 그런데 만약 어떤 팬이 "잠시만요. 우리 팀은 지금 0승 0패니까 이거야말로 완벽한 시즌 아닌가요? 한 번도 안 졌잖아요!"라고 말한다면 어떨까? 아마 다들 어이없어할 것이다. 그 팀이 진 적이 없는 이유는 아직 경기를 한 번도 치르지 않았기 때문이다. 완벽한 시즌이 되려면 마지막 경기까지 단 한 번도 지지 않고, 계속 이겨야 한다.

에덴동산의 아담과 하와도 말하자면 '0승 0패'였다. 아직 죄를 짓지 않았기에 '0패'였지만, 평생에 걸쳐 의로운 삶을 증명해 낸 '완벽한 승리'는 아니었다. 하나님께 등을 돌린 순간, 그들은 영적으로 파산하며 '0승 82패'로 추락했다. 이것이 우리가 물려받은 초라한 기록이다.

그런데 역사의 한복판에 전례 없는 기록을 세운 한 사람이 나타났다. 바로 '82승 0패'.

이 비유의 핵심은 이것이다. 예수님이 우리의 죗

값만 대신 치르셨다면 우리의 기록은 그저 '0승 0패'에 머물렀을 것이다. 하지만 십자가 위에서 예수님은 우리의 '82패'만 짊어지신 게 아니다. 그분은 믿는 이들에게 자신이 거둔 '82승'이라는 영광스러운 기록을 통째로 선물하셨다. 이 승리는 텅 빈 무덤으로 확실히 증명되었다(롬 4:23-25).

덕분에 우리의 기록은 한순간에 '0승 82패'에서 '82승 0패'로 바뀌었다. 이제 거룩하신 하나님 앞에서 우리는, 하나님을 거스르는 일은 단 한 번도 하지 않고 그분이 기뻐하시는 일만 행한 사람처럼 여겨진다.

바울은 이 놀라운 사실에 대해 이렇게 말한다. "하나님이 죄를 알지도 못하신 이를 우리를 대신하여 죄로 삼으신 것은 우리로 하여금 그 안에서 하나님의 의가 되게 하려 하심이라"(고후 5:21). 다시 말해, 십자가에서 하나님은 그리스도를 마치 평생 죄만 짓고 살아온 우리처럼 대하셨다. 그리하여 하나님은 우리를 마치 흠 없는 삶을 완벽하게 살아 낸 그리스도처럼 대해 주신다. 신학자들이 이를 두고 '달콤한 맞교환'이라 부른다.

그렇다면 이 소식은 우리에게 어떤 의미가 있을까? 리처드 십스 목사의 말처럼, "그리스도 안에는 우리 안의 죄보다 더 많은 긍휼이 있다."[11] 당신이 어떤 사람이든, 지금까지 어떻게 살아왔든 이 장엄한 소식에 귀를 기울여 보라. 당신이 지은 죄보다 예수님의 긍휼이 훨씬 크다.

오늘날 많은 이들은 예수님이 그저 우리의 자존감을 높여 주시거나 도덕적인 본보기가 되시기 위해 죽으셨다고 생각한다. 하지만 우리는 분명히 알아야 한다. 예수님이 십자가에 달리신 이유는 그렇게 간단하지 않다. 아무리 좋은 뜻이라 해도 그런 식의 이해는 그분이 하신 위대한 일을 '무해하고 시시한 것'으로 만든다. 예수님이 십자가에서 우리 자리를 대신하신 이유는, 우리가 하나님의 보좌에서 그분의 자리를 대신 차지하려 들었기 때문이다.

존 스토트는 이것을 이렇게 설명한다.

'대신함'이라는 개념은 죄와 구원 모두의 중심에 놓여 있다고 말할 수 있다. 죄의 본질은 인간이 하나님을 대신하는 데 있고, 구원의 본질은 하나님이 인간을 대신하시는 데 있다. 인간은 하나님을 거슬러 오직 하나님께만 속한 자리에 자신을 세운다. 하나님은 인간을 위해 자신을 희생하시고, 오직 인간에게만 돌아가야 마땅한 자리에 자신을 두신다. 인간은 오직 하나님께만 속한 특권을 요구하지만, 하나님은 오직 인간에게만 마땅한 형벌을 받아들이신다.[12]

아멘! 그러나 복음을 전할 때 예수님을 십자가에 매달리신 채로만 남겨 두어서는 안 된다.

예수님이 숨을 거두신 뒤, 모진 학대로 상처 입은 그분의 시신은 '완벽하게' 닫힌 무덤에 홀로 남겨졌다 (마 27:65-66). 다시는 소식이 없을 것만 같았다. 그러나 놀라운 소식이 들려왔다. 죽음의 권세가 생명의 주를 붙잡아 둘 수 없었기 때문이다(행 2:24; 3:15 참조). 약속대로 사흘째 되는 날, 예수님은 무덤에서 나오셨다.

예수님의 부활은 복음 이야기에 덧붙여진 장식이 아니다. 부활이 없다면 복음도 없다. 하나님은 예수님을 다시 살리심으로, 십자가의 희생이 우리의 죗값을

가장 먼저 할 일

완벽하게 치렀음을 온 세상에 선포하셨다. 성금요일에 구원의 수표가 발행되었다면, 부활의 아침에 그 수표가 현금으로 바뀐 것이다.

언젠가, 우리를 위해 죽고 다시 살아나신 분, 지금도 하늘에서 우리 편이 되어 주시는 바로 그 예수님이 다시 오실 것이다. 그때 그분을 거부했던 자들은 공의의 심판을 받을 것이고, 그분을 믿는 자들은 긍휼을 입게 된다. 그리스도인의 궁극적인 소망은 이 세상을 탈출하는 것이 아니라, 이 세상이 온전히 회복되는 데 있다.[13]

구원받은 하나님의 백성은 죄의 흔적으로 더럽혀지지 않은 새 세상을 상속받는다. 성경은 우리가 머물 미래의 집을 "새 하늘과 새 땅"(사 65:17; 벧후 3:13, 계 21:1-4 참조)이라는 매우 구체적이고 실제적인 언어로 그려 준다. 우리가 흔히 상상하듯 통통한 천사들과 함께 황금 하프를 연주하며 구름 위를 둥둥 떠다니는 따분한 풍경이 아니다. 우리는 그곳에서 마음껏 달리고, 즐겁게 일하고, 신나게 놀고 노래하며, 함께 웃고 안식할 것이다. 선하고 아름다우신 하나님의 끝없는 경이로움 속에서 우리는 영원히 벅찬 기쁨을 누리게 될 것이다.

가장 중요한 질문

톨게이트에서 수납원과 잠깐 마주치는 일이 의미 있는 경험일까? 그렇지 않다. 그것은 단지 거래다. 우리는 돈을 내고, 수납원은 차단봉을 올린다. 각자 할 일을 하고 지나갈 뿐이다.

그리스도인이 되는 일은 이와 다르다. 단순한 주고받음이 아니다. 오히려 결혼처럼 인격적인 연합에 가깝다. 우리는 자비를 구하며 예수님께 나 자신을 맡긴다. 그럼 그분은 우리를 붙드시고 놓지 않으신다.

우리가 전하려는 이 복음을 깊이 이해할수록, 우리는 가장 본질적인 질문 앞에 서게 된다. "하나님 앞에서 의롭다 함을 받으려면 나는 무엇을 해야 하는가?"

첫째, 죄에서 돌이켜야 한다. 우리는 남의 죄에는

 가장 먼저 할 일

민감하지만 자기 죄에는 쉽게 둔감해진다. 회개는 마음의 방향을 바꾸는 일이다. 자신을 위해 살던 길에서 180도 돌아서는 것이다.

둘째, 예수님을 믿어야 한다. 죄에 "아니오"라고 말하고, 예수님께 "예"라고 말하는 것이다. 그분이 이루신 일을 의지하고, 우리를 용서하시겠다는 약속을 신뢰하는 것이다. 결국 회개와 믿음은 동전의 양면과 같다.*14*

셋째, 예수님을 나의 가장 귀한 보물로 삼아야 한다. 사실 이것은 별도의 단계라기보다 두 번째 단계의 열매다. 그러나 굳이 강조하는 이유가 있다. 많은 사람이 마치 치과에서 신경 치료를 받듯 '마지못해' 그리스도를 받아들이기 때문이다. 복음은 그렇게 받아들이는 것이 아니다. 예수님을 주님과 구원자로 모시는 것뿐 아니라, 가장 귀한 보물로 여기는 것이다.

예수님은 결코 '지옥행을 피하게 해주는 공짜 티켓' 같은 분이 아니다. 그분은 우리가 따르고, 사랑하고, 경배하고, 함께 기뻐해야 할 살아계신 인격 그 자체이시다. 진실로 그분을 아는 것만이 우리를 지으신 하나님과 관계를 회복하는 유일한 길이다(요 14:6, 17:3). 그분 안에서 우리는 용서의 기쁨을 누리고, 성령의 도우심을 받으며, 다가올 새 세상에 대한 소망을 품게 된다.

단순히 세례를 받거나, 매주 교회에 가거나, 멋진 신앙 문구를 공유한다고 해서 구원을 얻는 것은 아니다. 수련회 모닥불에 솔방울을 던지며 결단하는 눈앞의 행위보다 훨씬 중요한 질문이 우리 마음을 겨누고 있다. "당신은 지금 이 순간, 하나님 앞에 설 근거를 오직 예수님 한 분께만 두고 있는가?"

복음은 응답을 요구한다. 바울은 이렇게 단언했다. "보라 지금은 은혜 받을 만한 때요 보라 지금은 구원의 날이로다"(고후 6:2). 그러므로 우리가 믿음을 나눌 때, 사람들을 그리스도의 부르심 앞에 세우자. 그들을 머뭇거림 속에 남겨두지 말고, 영원을 가르는 결단의 자리로 이끌자.

이것은 인류 역사상 가장 위대한 이야기이며, 누구에게나 열려 있는 초대장이다. 당신은 이제 누구를 이 눈부신 이야기 속으로 초대하겠는가?

　　　　　　　　　　가장 먼저 할 일

이해를 가로막는 잡음

가까이, 주의 깊게

창의적인 수고

분명한 선

느슨하게, 굳게

새로운 틀

이해하고 이해되기

2

"예수는 미국의 신이잖아요!"

이런 대답이 돌아올 줄은 꿈에도 몰랐다. 당시 나는 해외 선교 활동 중이었고, 새로 사귄 대학생 친구에게 예수 그리스도에 대해 무엇을 알고 있는지 가볍게 물었을 뿐이었다. 물론 그가 니케아 신조를 줄줄 외울 거라고 기대한 건 아니었지만, 대답의 내용보다 나를 더 당황하게 만든 건 그의 태도였다. 그는 너무나 확신에 차 있었다. 마치 자기 학교 이름을 말하듯, 지극히 당연하다는 말투였다.

한번 생각해 보자. 만약 내가 그 자리에서 곧바로 이렇게 말했다면 어떻게 되었을까? "예수님은 당신을 사랑하십니다. 당신의 죄를 위해 죽으셨고 다시 살아나셨어요. 그래서 당신이 영원한 천국에 갈 수 있게 하

 이해를 가로막는 잡음

셨습니다.”

아마 그는 의아한 표정으로 되물었을 것이다. “그게 저랑 무슨 상관이죠? 여긴 미국이 아니잖아요.”

우리가 누군가에게 다가가 성금요일과 부활의 영광을 곧장 꺼내 든다면, 그 순간만큼은 스스로 무척 용감해진 것처럼 느낄지도 모른다. 자신이 복음을 부끄러워하지 않았다는 생각에 내심 의기양양해질 수도 있다. 하지만 그것은 지혜롭지 못한 일이다. 어쩌면 사랑이 없는 일일 수도 있다. 복음을 전하기에 앞서, 이해를 방해하는 잡음부터 걷어 내야 하기 때문이다.

가까이, 주의 깊게

복음을 효과적으로 전하려면 먼저 '청중'을 알아야 한다. 단순히 이름이나 학교, 직업 같은 정보를 아는 것만으로는 부족하다. 그 사람이 어떤 전제와 관점을 가지고 대화에 참여하는지 알아야 한다.

물론 인간의 다양성과 차이를 지나치게 강조할 필요는 없다. 문화와 민족, 배경이 제각각이어도 우리를 하나로 묶어 주는 공통분모가 있기 때문이다. 우리는 모두 하나님의 형상대로 지음받았고, 동시에 하나님께 반역했으며, 예외 없이 구원이 필요한 처지다. 그러므로 성경이 말하는 '기쁜 소식'(복음)은 모든 사회에 통용되며, '슬픈 소식'(죄) 역시 모든 이에게 동일하게 적용된다.

그렇다고 해서 문화적 차이를 대수롭지 않게 여겨도 좋다는 뜻은 아니다. 그 차이가 복음을 받아들이는

 이해를 가로막는 잡음

방식에 아무런 영향도 주지 않는 것처럼 행동해서는 안 된다. 무엇보다 이 원칙은 먼 나라에서 활동하는 선교사들에게만 해당되는 이야기가 아니다.

우리가 피부로 느끼듯, 오늘날 우리 사회는 불과 몇 년 전과 비교해도 상황이 완전히 달라졌다. 예전에는 영적인 대화를 나눌 때, 상대와 어느 정도 공통된 전제를 공유하고 있다는 믿음이 있었다. 이를테면 "창조주 하나님이 계신다", "죄는 십계명을 어기는 것이다", "성경은 믿을 만하다", "죽음 이후에는 천국이 있다"와 같은 생각들 말이다.

이제 그런 시대는 끝났다. 세속화가 깊어지고 기독교적 가치가 흐릿해진 오늘날, 복음을 전할 때 상대가 나와 같은 전제를 공유하고 있을 거라 가정해서는 안 된다.[15] 그래서 우리는 더 가까이 다가가 주의 깊게 들어야 한다. 그가 이 세상을 어떻게 바라보고, 그 안에서 어떻게 살아가는지 말이다. 이 과정이 없다면 우리가 아무리 성경적인 표현을 그대로 쏟아 놓아도, 그 말은 오해받거나 곧바로 튕겨져 나가기 쉽다.

"하나님이 당신을 사랑하십니다"는 분명 좋은 소식이다. 그러나 하나님이 어떤 분인지, 참된 '사랑'이 무엇인지 모르는 이들에게 이 말은 공허한 메아리일 뿐이다.

"당신은 죄인입니다"는 참된 말이다. 그러나 죄가 무엇인지 모르거나 죄를 사소한 실수쯤으로 여기는 이들에게는 결코 와 닿지 않는다.

"당신에게는 구원자가 필요합니다" 역시 진리다. 그러나 대체 무엇으로부터 구원받아야 하는지 모르는 이에게 이 말은 아무 의미가 없다.

"성경에서는 이렇게 말합니다"는 훌륭한 출발점이다. 그러나 누군가에게 성경이 시대착오적이고 가부장적인 동화 모음집에 불과하다면, 이 말은 곧바로 거대한 벽에 부딪히고 만다.

 이해를 가로막는 잡음

창의적인 수고

우리는 '맥락화'[16]를 논의할 때 자주 핵심을 놓친다. 사실 맥락화를 할 것인지 말 것인지는 선택의 문제가 아니다. 그리스도의 대사 된 우리가 '변하지 않는 메시지'를 '끊임없이 변하는 세상' 속에서 어떻게 전할 것인가 하는, 피할 수 없는 과제일 뿐이다.

복음은 멋있어 보이도록 꾸밀 필요가 없다. 분명하게 들리도록 잘 풀어 설명하면 된다. 이것이 맥락화의 본질이다. 그러기 위해서 우리는 하나님의 말씀이라는 거울에 비추어 우리가 속한 문화를 살펴야 한다. 사람들의 지배적인 가치관은 무엇인가? 그들은 무엇을 열망하고, 무엇을 두려워하는가? 복음은 그들의 가장 깊은 갈망을 어떻게 채워 주는가? 동시에 그들이 가장 소중히 여기는 우상을 어떻게 뒤흔드는가?

이런 질문들은 현대 선교학자들이 처음 만들어 낸 것이 아니다. 시간을 2천 년 전으로 돌려 보자. 하나님의 아들도 잃어버린 사람들을 한 가지 방식으로만 대하지 않으셨다. 예수님은 자기 의에 사로잡힌 바리새인들(막 12:13-17), 회의적인 사두개인들(막 12:18-27), 그리고 악명 높은 죄인들(막 2:13-17)에게 각각 다른 방식으로 다가가셨다.

사도행전 17장을 보면, 사도 바울도 마찬가지였다. 그는 데살로니가(1-9절)와 베뢰아(10-15절)의 성경에 익숙한 유대인들에게는 비슷한 방식으로 다가갔지만, 아테네(16-34절)의 이방 그리스인들에게는 전혀 다른 방식으로 다가갔다.

바울이 갈피를 못 잡아서 그랬을까? 아니면 비겁해서? 혹은 영적으로 일관성이 없어서? 전혀 아니다. 그는 각기 다른 맥락을 정확히 읽어 냈고, 그에 맞게 기꺼이 조정했을 뿐이다. 바울은 자신의 이런 전략을 분명하게 밝혀 두었다. 그러니 우리는 그의 속내를 분석할 필요가 없다.

 이해를 가로막는 잡음

내가 모든 사람에게서 자유로우나 스스로 모든 사람에게 종이 된 것은 더 많은 사람을 얻고자 함이라 유대인들에게 내가 유대인과 같이 된 것은 유대인들을 얻고자 함이요 율법 아래에 있는 자들에게는 내가 율법 아래에 있지 아니하나 율법 아래에 있는 자 같이 된 것은 율법 아래에 있는 자들을 얻고자 함이요 율법 없는 자에게는 내가 하나님께는 율법 없는 자가 아니요 도리어 그리스도의 율법 아래에 있는 자이나 율법 없는 자와 같이 된 것은 율법 없는 자들을 얻고자 함이라 약한 자들에게 내가 약한 자와 같이 된 것은 약한 자들을 얻고자 함이요 내가 여러 사람에게 여러 모습이 된 것은 아무쪼록 몇 사람이라도 구원하고자 함이니 내가 복음을 위하여 모든 것을 행함은 복음에 참여하고자 함이라(고전 9:19-23).

바울이 "모든 사람에게서 자유"롭다고 말한 것은 (19절), 그가 궁극적으로 사람의 시선에 매여 있지 않다는 뜻이다. 그는 다른 곳에서 이렇게 못 박는다.

이제 내가 사람들에게 좋게 하랴 하나님께 좋게 하랴 사람들에게 기쁨을 구하랴 내가 지금까지 사람들의 기쁨을 구하였다면 그리스도의 종이 아니니라(갈 1:10).

그런 바울이 왜 사람들을 배려해 자신을 조정했을까? 누군가가 그리스도를 마주하는 데 방해가 되는 것들을 가능한 한 걷어 내기 위해서였다. 종교개혁자 마르틴 루터는 고린도전서 9장 19절을 곱씹으며 이 긴장을 이렇게 표현했다.

그리스도인은 완전히 자유로운 만물의 주인이어서 아무에게도 예속되지 않는다. 동시에 그리스도인은 완전히 성실한 만물의 종이어서 모든 사람에게 예속된다.[17]

그로부터 약 300년이 흐른 1854년, 영국의 젊은 선교사 허드슨 테일러가 중국 땅에 도착했다. 그는 그리스도를 전하며 한 가지 사실을 깨달았다. 사람들이 자신의 메시지보다 서양식 옷차림과 몸가짐에 더 관심을 보인다는 점이었다. 그에게 '외국인다움'은 복음을 가로막는 벽이었다. 그래서 그는 복음이 아닌, 전략을 바꾸기로 했다.

그때부터 그는 중국인처럼 살기 시작했다. 중국 옷을 입는 것은 물론, 머리를 검게 물들이고 변발까지 했다. 그가 왜 그렇게까지 했을까? 자신의 출신을 감추기 위해서였을까, 아니면 그저 세련된 선교사로 보이고 싶어서였을까? 아니다. 은혜의 복음을 전할 때 자기 자신이 방해물이 되지 않기 위해서였다.

허드슨 테일러는 그 후 51년을 중국에서 보냈고, 그가 세운 작은 단체는 훗날 세계 최대 규모의 선교단체가 되었다. 중국내지선교회[CIM]가 파송한 선교사들은 중국 전역으로 퍼져나갔으며, 125개의 학교를 세우고 1만 8천 명 이상의 영혼을 그리스도께로 인도하는 열매를 맺었다.

오늘날에도 테일러의 방식을 그대로 따르자는 말은 아니다. 지금 시대에는 맞지 않을 수도 있다. 그러나 자신의 문화적 취향보다 상대의 맥락을 먼저 살피며 그리스도를 전하는 데 방해되는 것들을 걷어 낼 때, 그 헌신이 어떤 놀라운 복음의 역사를 만들어 내는지 주목할 필요가 있다.

고린도전서 9장 19-23절을 읽다 보면 "내가 ……된 것은"이라는 반복되는 구절에 시선이 붙들리곤 한다. 그러다 이 반복의 바탕이 되는 "종이 된 것"이라는 구절은 놓치기 쉽다. 올바른 맥락화의 핵심은 세련돼 보이는 기술이 아니라 '종의 마음'에 있다. 십자가의 메시지와 부활의 기쁨이 수정처럼 투명하게 들리도록, 걸림돌을 걷어 내기 위해 기꺼이 창의적인 수고를 아끼지 않는 일이다.

바울이 날마다 무엇을 추구하며 살았는지는 신학교 학위가 없어도 알 수 있다. "내가 복음을 위하여 모든 것을 행함은"(고전 9:23)이라는 고백이 모든 것을 말해주기 때문이다. 그가 유연하게 자신을 바꾸고 기꺼이 희생할 수 있었던 이유는, 잃어버린 사람들이 그리스도께로 돌아오기를 간절히 열망했기 때문이다.

“당신에게는 구원자가 필요합니다”

이 말은 진리다. 그러나
대체 우리는 무엇으로부터
구원받아야 하는지 알고 있는가?

분명한 선

분명히 해 둘 점이 있다. 바울이 말한 유연함은 한없이 늘어나는 고무줄이 아니다. 그는 잃어버린 이들에게 다가가기 위해 자신이 뻗을 수 있는 가장 먼 곳까지 손을 뻗지만, 그 과정에서 결코 진리를 타협하지 않는다. 공감을 얻겠다고 상대의 잘못된 행동까지 함께 즐기며 '친근한 사람'이 되라고 권하는 것도 아니다. "여러 사람에게 여러 모습이 된다"는 것은, 어디까지나 합당한 범위 안에서 그렇게 하겠다는 뜻이다.

바울은 결코 이런 식으로 말하지 않았다. "험담하는 자들을 얻기 위해 나도 험담꾼이 되었고, 술 취한 자들을 얻기 위해 나도 주정뱅이가 되었으며, 식인종들을 얻기 위해 나도 식인종이 되었다." 그의 진짜 의도는 이것이다. "나는 가능한 한 사람들에게 가까이 다가가려 한다. 그들을 만나기 위해 그들의 삶 속으로 유연

 이해를 가로막는 잡음

하게 스며들 것이다. 다만, 진리와 지혜가 허락하는 선
까지만 말이다."

나는 고린도전서 9장 20절의 첫 마디가 바울의 말
가운데서도 손에 꼽을 만큼 놀라운 진술이라고 생각한
다. "유대인들에게 내가 유대인과 같이 된 것은……."
잠깐, 뭐라고? 그는 원래 유대인이 아닌가. 이것은 마
치 내가 이렇게 말하는 것과 같다. "여기 나의 위대한
전도 전략이 있습니다. 버지니아 출신 미국인들에게는
내가 버지니아 출신 미국인이 되고, 사탕을 좋아하는
사람들에게는 내가 사탕을 좋아하는 사람이 되는 것입
니다."

느슨하게, 굳게

바울이 자신의 민족적 정체성, 곧 유대인 됨을 부끄러워한 것은 아니다. 그는 다른 서신에서 동족 유대인들을 "내 골육"(롬 11:14)이라 부르며 애틋한 마음을 드러내기도 했다. 그런 그가 "유대인들에게 내가 유대인과 같이 된 것"(고전 9:20)이라는 역설적인 말을 할 수 있었던 이유는, 자신의 유대인 됨을 '느슨하게' 붙들고 있었기 때문이다. 필요에 따라 입었다가 벗을 수 있는 옷처럼 말이다.

유대인이라는 사실이 중요하지 않아서가 아니다. 그 사실을 부정하거나 외면하기 때문도 아니다. 이제 그에게는 '유대인', '히브리인 중의 히브리인', '베냐민 지파'(빌 3:5)라는 표지보다 더 근본적인 정체성이 생겼기 때문이다. 바로 '예수의 제자', '죄인 중의 괴수', '그리스도께 속한 사람'이라는 정체성이다.

이 원리가 바울의 삶에서 어떻게 작동했는지 보여주는 두 가지 사례가 있다. 첫 번째는 사도행전 18장에 잠시 언급된 장면이다. 바울은 "서원이 있었으므로" 머리를 깎았다(행 18:18). 정확히 어떤 서원인지는 알 수 없지만, 민수기 6장에 나오는 나실인 서원과 비슷한 유대교적 전통을 따른 것으로 보인다.

두 번째 사례는 좀 더 복합적이다. 사도행전 16장 3절을 보자. "바울이 그를 데리고 떠나고자 할새 그 지역에 있는 유대인으로 말미암아 그를 데려다가 할례를 행하니 이는 그 사람들이 그의 아버지는 헬라인인 줄 다 앎이러라."

로마서나 갈라디아서에 익숙한 사람이라면 이 대목에서 당혹감을 느낄지 모른다. 갈라디아서 2장에서는 디도의 할례를 단호히 거부했던 바울이 아니었나? 그런데 왜 디모데에게는 할례를 행했는가? 결정적인 차이는 '할례가 복음의 본질과 직결되는가'에 있었다.

갈라디아서 2장에서 거짓 형제들은 "디도가 구원받으려면 할례를 받아야 한다"고 주장했다. 그러나 디모데의 경우는 아무도 그런 주장을 하지 않았다. 그 지역에는 믿지 않는 유대인 공동체가 있었고, 바울은 불필요한 문화적 걸림돌을 걷어 내면 복음이 그들에게 더 쉽게 닿을 것이라고 판단한 것이다.

바울은 이처럼 놀라울 만큼 유연하게 상대에게 맞추어 가지만, 결코 그들에게 동화되지는 않는다.

모든 것을 정체성으로 규정하려는 이 시대에, "유대인들에게 내가 유대인과 같이 된 것"(고전 9:20)이라는 선언은 충격적이다. 세상은 민족, 계층, 성별, 정치 성향 같은 표지로 우리를 축소해 규정하려 한다. 그러나 그 모든 표지 아래에는 더 깊은 진리가 있다. 우리는 무엇보다 먼저 하나님께 속한 그분의 백성이다. 이것이 우리를 규정하는 가장 중요한 사실이다.

그러므로 바울이 자신의 유대인 됨을 느슨하게 붙들었듯, 우리도 세상이 부여한 여러 정체성을 너무 꽉 움켜쥐지 말아야 한다. 대신 우리를 하나로 묶어 주는 단 한 가지, 예수 그리스도의 복음을 굳게 붙들자.

 이해를 가로막는 잡음

하지만 바로 이 지점이 위험하다. 자칫하면 쉽게 빗나가기 때문이다. 그렇지 않은가?

새로운 틀

지금 우리가 처한 문화적 현실에서 효과적으로 복음을 전하려면, 질문하는 일에 능숙해져야 한다.[18] 이 점에 대해서는 다음 장에서 더 생각해 보자.

상대가 어떤 전제와 경험을 바탕으로 말하고 듣는지 이해하지 못한다면, 우리도 상대도 아까운 시간만 낭비하게 될 뿐이다. 후기 근대를 살아가는 사람들에게 맥락 없는 '진리 폭탄'을 퍼붓는 것은 비생산적일 뿐 아니라 역효과를 내기 십상이다. 오히려 오해만 키우고, 복음의 은혜를 향해 마음의 빗장을 더 단단히 걸어 잠그게 만들 수도 있다.

그렇다고 해서 성경의 진리를 타락한 인간의 사고 방식에 억지로 끼워 맞추자는 뜻은 아니다. 우리의 중요한 과제 중 하나는, 상대의 머릿속에 아직 존재하지

 이해를 가로막는 잡음

않는 '성경적인 틀'을 세워 주는 일이다. 존 파이퍼는 이렇게 경고한다.

성경의 메시지를 맥락화할 때 우리가 반드시 함께 감당해야 할 수고가 있다. 바로 청중의 사고 구조에는 아직 없을 수 있는 '개념적 틀'을 세워 주는 일이다. 그들이 이미 가진 사고방식만 활용하려 든다면, 아무리 맥락화를 잘한다 해도 핵심적인 성경 진리들은 끝내 이해되지 않은 채 남겨질 것이다. 새로운 시각과 이해와 믿음은 하나님이 일으키신다. 그리고 하나님은 그 일을 이루실 때 우리를 사용하신다. 그러므로 우리는 복음을 상대의 눈높이에 맞춰 설명하려고 애쓰는 만큼, 그들이 새로운 성경적 사고의 틀을 갖도록 돕는 일에도 힘을 쏟아야 한다.[19]

정리하자면 이렇다. 우리는 사람들이 이미 가지고 있는 사고의 틀 안으로 기꺼이 들어가 그들의 문화적 전제를 살피고, 그 안에서 복음이 닿을 접점을 찾아야 한다. 동시에 성령의 도우심을 의지하며, 초자연적인 진리를 담아 낼 '새로운 틀'을 세우도록 돕는 수고를 아끼지 말아야 한다.

최근 몇 달 동안 내 친구 사라는 룸메이트와 함께 이웃인 칼과 영적인 대화를 이어오고 있다(모두 가명이다). 칼은 교회 배경에서 자랐지만 성경의 권위를 거부한다. 그에게 예수님은 그저 도덕적인 모범일 뿐이며, 지옥의 실재도 일축한다. 하지만 사라가 보기에 칼이 복음 앞에서 정말로 걸려 넘어지는 지점은, 악과 고통을 해석하는 방식이었다.

칼은 아버지를 잃었고, 뒤이어 계부의 죽음까지 목격했으며, 수년 동안 약물 중독과도 싸워 왔다. 그는 자신의 고통을 두고 "어쩔 수 없죠. 원래 세상은 그런 거니까요."라고 냉소적으로 말하곤 한다. 그러면서도 한편으로는 자신의 고난을 무기 삼아 사라 일행을 몰아붙이거나 자신을 정당화하는 데 사용했다. 어쩌면 그것은 그녀들이 전하는 하나님으로부터 도망치기 위해 칼이 꺼내든 방어 기제였을지도 모른다.

그렇다면 두 사람은 어떻게 대응했을까? 그녀들은 눈앞에 있는 칼을 한 사람, 곧 하나님의 형상을 지닌 고유한 인격으로 대하며 조심스럽게 반응했다. 먼저 고통에 관한 칼의 세계관 속으로 들어갔다. 무엇보

 이해를 가로막는 잡음

다 그에게 '함께 아파하는 이웃'이 되어 주기로 했다. 사라는 섭식장애가 남긴 파괴적인 흔적들을 공유했고, 룸메이트는 자매의 비극적인 죽음 이후 상실감을 견뎌 내기 위해 분투했던 이야기를 솔직하게 털어 놓았다. 이전까지 칼은 이 '모범생 같은' 기독교인들을 쉽게 무시하곤 했지만, 이제는 그럴 수 없었다. 오히려 그녀들의 말에 진지하게 귀를 기울이기 시작했다.

사라와 룸메이트는 '고통은 무의미하다'라는 칼의 전제를 부드럽게 파고드는 동시에, 성경적 진리에 합당한 전혀 새로운 틀을 제시했다. 그녀들이 전하고자 한 바는 이렇다. 인간이 겪는 가장 큰 고통도 장차 그리스도의 자녀들에게 나타날 영광과는 비교조차 할 수 없으며(롬 8:18; 고후 4:17), 이 세상의 깨어짐 또한 그리스도만이 주실 수 있는 죄 사함의 은혜보다 깊을 수 없다(막 2:1-12).

대화는 지금도 현재 진행형이며, 칼의 이야기는 아직 끝나지 않았다. 사라와 룸메이트는 인간의 마음에 기적을 행하시는 크신 하나님을 신뢰하기에, 여전히 소망을 품고 의도적으로 관계를 이어 가고 있다.

사도 바울은 분명히 말한다.

육에 속한 사람은 하나님의 성령의 일들을 받지 아니하나니 이는 그것들이 그에게는 어리석게 보임이요, 또 그는 그것들을 알 수도 없나니 그러한 일은 영적으로 분별되기 때문이라(고전 2:14).

다시 말해, 칼과 같은 비기독교인들이 초자연적인 진리를 받아들이지 못하는 이유는 단 하나다. 스스로의 힘으로는 결코 할 수 없기 때문이다. 영원하신 성령 하나님께서 역사하셔서 듣는 귀와 보는 눈을 열어 주셔야만 가능한 일이다.

이해를 가로막는 잡음

이해하고 이해되기

사람들은 진리를 찾기보다 행복을 찾아 나서는 경우가 더 많다는 말이 있다. 대부분의 비기독교인은 아침에 눈을 뜨며 "오늘 나는 어떻게 진리를 찾을 수 있을까?"라고 묻지 않는다. 대신 "오늘 무엇이 나를 행복하게 할까?"를 고민한다. 물론 그리스도인은 참되고 영원한 행복이 오직 "내가 곧 길이요 진리요 생명"이라 말씀하신 예수님 안에만 있음을 알고 있다.

C. S. 루이스는 인류 역사를 가리켜 "하나님이 아닌 다른 무언가로 행복해지려는 인간의 길고도 끔찍한 이야기"라고 정의했다.[20] 복음을 전하는 우리의 특권은, 비기독교인들이 품은 가장 깊은 갈망과 소망이 오직 예수 그리스도 안에서만 온전히 해갈될 수 있다는 사실을 보여 주는 데 있다.[21]

믿음을 나눌 준비를 할 때는 (5장에서 자세히 다루겠지만) 상대의 대답에 대해 되묻는 질문도 함께 준비해야 한다. 하나님을 대신하는 그 어떤 것이라도 결국은 우리를 부려 먹는 주인이 되어 우리를 종으로 삼는다는 사실을 설명할 준비 말이다. 그러나 예수님은 다르다. 오직 예수님만이 우리를 자유하게 하는 주인이시다. 하나님을 대체하는 모든 우상은 우리에게 끊임없이 요구하고, 결국 실망시키며, 마침내 우리를 땅바닥에 짓눌러 버린다. 하지만 그 순간 예수님이 우리 앞에 오셔서 이렇게 말씀하신다. "내가 너를 대신해 짓눌리겠다."

팀 켈러가 자주 하던 말이 있다. 당신이 하나님 대신 손에 쥔 그 무엇도 당신을 만족시킬 수 없으며, 그것을 놓쳤을 때 당신의 죄를 용서해 주지도 못한다.[22] 그러나 예수님은 그러실 수 있고, 실제로 그렇게 하신다. 이것이 사실이라면, 우리가 전해야 할 이야기가 얼마나 놀랍겠는가.

예수님을 더없이 아름다운 분, 곧 만물이 그분을 위하여 창조된 분(골 1:16)으로 바라보기 전까지 우리는 그분이 지으신 피조물의 종으로 남게 된다. 예수님은

    이해를 가로막는 잡음

우리를 사랑하시기에 기꺼이 용서하시고, 자유케 하시며, 만족하게 하신다. 그렇다면 이 좋은 소식은 우상에 익숙해진 마음과 어디에서 맞닿는가? 바로 '대신'이라는 지점이다. 우리는 예수님 자리에 수많은 것을 끼워 넣어 왔지만, 놀라운 은혜로 예수님은 우리를 대신하여 자신을 내어 주셨다.

만일 복음을 전하는 목적이 그저 내 말만 쏟아 놓는 데 있다면, 특히 딱딱한 신학 용어들을 늘어놓는 방식이라면, 현대의 회의론자들은 (좋게 말해서) 혼란스러워하며 돌아서거나 도망치듯 떠날 것이다. 우리의 목표가 '효과적인 복음 전파'에 있다면, 먼저 이해하려고 듣고 이해되도록 말하라. 하나님의 형상을 지닌 이웃을 존중하며 그들의 삶의 자리에서 만나, 그들이 평생 들어야 할 가장 좋은 소식을 전하라.

그렇지 않으면 우리의 말은 그저 잡음으로 남을 뿐이다.

있어서가 아니라 없어서

사랑과 두려움

진실한 관계

두 개의 도랑

관계를 여는 열쇠

미묘하지만 거대한 차이

무신론자에게서 배운 교훈

3

만약 내가 이 책을 몇 년 전에 썼다면, 이번 장과 다음 장의 순서가 바뀌었을 것이다. 사랑을 다루는 장보다 두려움을 다루는 장을 앞에 두었을 게 분명하다. 그때의 나는 전도를 가로막는 가장 큰 장애물이 '두려움'이라고 확신했기 때문이다. 실제로 두려움이라는 단어는 내가 복음을 전하는 데 실패했던 수많은 순간을 아주 그럴싸하게 설명해 주는 듯했다.

적어도 나는 스스로에게 그렇게 변명하며 살아왔다. 그러던 어느 날 문득 깨달았다. 내가 복음을 전하지 못했던 진짜 이유는 내 안에 두려움이 '있어서'가 아니라, 사랑이 '없어서'였다.

이 구분이 당신에게는 사소하게 들릴지도 모른다. 그런데 이 사실이 내 마음을 파고든 순간, 나는 거부할 수 없는 찔림을 받았다. 본질적인 문제는 '사랑'이었음에도, 나는 '두려움'을 핑계 삼고 있었기 때문이다. 이치는 단순했다. 누군가를 충분히 사랑한다면 나는 기꺼이 두려움을 뚫고 그에게 그리스도를 전할 것이고, 사랑하지 않는다면 침묵할 것이다.

그러니 4장이 아닌 3장에 온 것을 환영한다. 우리는 두려움이라는 도전을 다루기에 앞서, 먼저 사랑의 역할을 깊이 고민해 보아야 한다.

내가 복음을 전하지 못했던
진짜 이유는

내 안에 두려움이 '있어서'가 아니라
사랑이 '없어서'였다

사랑과 두려움

이런 자각은 사실 그리 놀라운 일이 아니다. 성경이 이미 명확히 밝히고 있는 원리이기 때문이다. 사도 요한은 "사랑 안에 두려움이 없고 온전한 사랑이 두려움을 내쫓"(요일 4:18a)는다고 말한다. 물론 이 구절에서 요한이 일차적으로 다루는 것은 하나님의 형벌에 대한 두려움이다. 그러나 더 크고 근원적인 두려움이 사랑으로 해결될 수 있다면, 그보다 가벼운 일상의 두려움은 더욱 그러하지 않겠는가.

하나님의 사랑이 우리 안에 깊이 스며들어 심판에 대한 두려움을 몰아낼 수 있다면, 사람에게 거절당할까 전전긍긍하는 '작은 두려움' 정도는 얼마나 더 확실히 몰아낼 수 있겠는가. 하나는 영원하고, 다른 하나는 일시적이다. 그러니 요한이 "두려워하는 자는 사랑 안에서 온전히 이루지 못하였느니라"(요일 4:18b)라고 결론짓는 것은 놀랄 일이 아니다. 두려움은 사랑의 문제이기 때문이다.

이 진리를 수평적으로 확장해 보자. 우리를 향한 하나님의 사랑이 '심판에 대한 두려움'을 이기게 한다면, 우리 안에서 흐르는 그 사랑은 '타인에 대한 두려움'을 이기는 힘을 낳는다. 이는 요한의 논지와도 정확히 맞아떨어진다. 그는 곧바로 이렇게 말하기 때문이다. "우리가 사랑함은 그가 먼저 우리를 사랑하셨음이라"(요일 4:19).

그러므로 우리가 증인이 되기 위해 준비할 때에는, 사랑할 준비도 반드시 해야 한다.

진실한 관계

예수님은 여러 이유로 비난을 받으셨다. 그중 하나는 "세리와 죄인의 친구"라는 꼬리표였다(눅 7:34).[23] 그분이 스쳐 지나가는 행인이나 지인이어서가 아니라, 친구였기 때문에 비난받으신 것이다. 인자는 잃어버린 자를 찾아 구원하러 오셨고(눅 19:10), 그 일은 진실한 관계의 자리에서 이루어졌다. 바울 역시 친구가 되어 삶을 나누는 관계 전도의 본을 분명하게 보여 주었다. 그는 데살로니가 성도들에게 이렇게 말했다.

우리는 그리스도의 사도로서 마땅히 권위를 주장할 수 있으나 도리어 너희 가운데서 유순한 자가 되어 유모가 자기 자녀를 기름과 같이 하였으니 우리가 이같이 너희를 사모하여 하나님의 복음뿐 아니라 우리의 목숨까지도 너희에게 주기를 기뻐함은 너희가 우리의 사랑하는 자 됨이라(살전 2:7-8).

이 본문에 대해 존 스토트는 이렇게 말한다. "바울의 모든 서신을 통틀어, 자신의 생각과 감정과 영혼을 이토록 투명하게 드러낸 대목은 아마 없을 것이다."[24] 바울은 데살로니가에서 펼친 사역이 결코 '치고 빠지는 식'의 복음 침투가 아니었음을 단호하게 강조했다. 그들은 사람들과 함께 머물며 우정을 쌓았고, 자기 삶을 다른 이들의 삶에 기꺼이 내어 주었다.

우리도 그런가?

관계 전도는 분명 아름답다

다만, 비기독교인과 오랜 시간
관계를 쌓아오고도

정작 복음을 전할 결정적인 순간에
끝내 입을 열지 못하는 일은
생각보다 쉽게 일어난다

두 개의 도랑

물론 이것은 결코 만만한 작업이 아니다. 선한 의도로 시작한 일도 어느 순간 방향을 잃고 우리를 '두 개의 도랑' 중 하나로 빠뜨릴 수 있기 때문이다. (대개 우리는 한순간에 길을 벗어나지 않는다. 앞뒤 바퀴가 미세하게 어긋난 채로 달리다가, 서서히 그러나 분명하게 한쪽으로 기울어 갈 뿐이다.)

첫 번째 도랑은 관계 전도를 아예 무시하는 것이다. 그러면 사람을 사랑의 대상이 아닌 과제나 프로젝트로 취급하기 쉽다. 특히 낯선 이와 복음 대화를 시도할 때 우리는 이런 유혹에 더 취약해진다.[25] 예를 들면 이런 모습들이다.

- 상대의 말에 귀 기울이지 않는다.
- 맥락을 무시하고 복음을 너무 서둘러 꺼낸다.
- 이름조차 기억하지 못할 만큼 상대에게 관심이 없다.

있어서가 아니라 없어서

나 역시 이런 도랑에 빠진 적이 있다. 전도의 현장을 사랑해야 할 영혼을 만나는 자리가 아니라, 그저 '체크리스트의 칸'을 채우는 업무처럼 대했던 것이다. 하지만 예수님은 결코 그러지 않으셨다. 그분은 사람을 짐으로 여기거나 목적을 위한 수단으로 이용하지 않으셨다. 예수님은 모든 인간의 삶이 기적이며, 매혹적이고, 하나님의 흔적이 선명히 새겨진 걸작임을 아셨다. C. S. 루이스의 통찰은 인상적이다.

우리가 장차 신적 존재처럼 보일 만큼 영광스럽게 변모할 이들과 함께 살아간다는 사실은 결코 가벼운 일이 아니다. 평소 대화하는 이들 중 가장 둔하고 따분해 보이는 사람일지라도, 훗날 그가 입게 될 영광스러운 모습을 지금 미리 본다면 우리는 깜짝 놀랄 것이다. 어떤 이는 우리가 경배하고 싶은 유혹을 느낄 만큼 영광스러운 존재가 될 것이고, 반대로 어떤 이는 악몽에서나 마주할 법한 공포와 타락의 존재가 될 수도 있다. …… 평범한 사람은 없다. 당신은 단 한 번도 '필멸자'와 대화해 본 적이 없다. 국가와 문화, 예술과 문명은 모두 사라진다. 이것들의 삶은 날벌레의 생명과도 같다. 우리가 농담을 나누고 함께 일하며 결혼하고 때로 무시하거나 이용하는 대상은 모두 '불멸자'들이다. 불멸의 공포이거나, 영원한 영광이거나.[26]

전도는 조작이 아니다. 우리는 하나님의 말씀을 '판매'하는 장사꾼이 아니다(고후 2:17). 복음 대화를 꺼내는 행위는 내 영적 이력서에 업적 한 줄을 추가하는 일도 아니다. 신실한 증인이 되려면 사회적 감각과 기본적인 예의, 그리고 상대를 향한 진실한 관심이 필요하다. 다시 말해, 신실한 증언에 필요한 것은 '사랑'이다.

두 번째 도랑은 관계 전도를 끝없이 '연장'하는 것이다. 이렇게 되면 상대와의 편안한 관계 자체가 목적이 되어 버리는 '관계 우상화'에 빠지기 쉽다. 앞서 보았듯 관계 전도는 분명 아름답다. 다만, 그 관계가 정작 전도를 밀어내지만 않는다면 말이다. 복음의 증인이 되겠노라 다짐하며 비기독교인과 오랜 시간 관계를 쌓아오고도, 정작 복음을 전할 결정적인 순간에 끝내 입을 열지 못하는 일은 생각보다 쉽게 일어난다.

첫 번째 도랑의 위험이 시간이 없다는 듯 서둘러

앞서가려는 데 있다면, 두 번째 도랑의 위험은 시간이 영원히 남아 있을 것처럼 착각하는 데 있다. "당신은 내 시간을 쓸 만큼 가치 있는 사람이 아니다"라는 태도는 상대를 무시하는 것이고, "우리에겐 시간이 충분하다"라는 태도는 자만하는 것이다. 전자는 처음부터 무례한 태도이며, 후자는 결국 비겁함으로 이어진다.

그렇다고 낯선 이에게 그리스도를 전하는 '접촉 전도'가 본질적으로 비인격적이거나 사랑 없는 방식이라고 단정 지어서는 안 된다. 5장에서 살펴보겠지만, 이 접근법 역시 풍성한 성경적 전례가 있으며 오랜 세월 수많은 회심으로 이어져 왔다. 관계를 오랫동안 유지하는 것이 사랑의 증거가 될 순 있지만, 그것이 전도의 필수 전제 조건은 아니다. 짧은 만남 속에서도 우리는 진심으로 사랑할 수 있고, 반대로 40년의 우정 속에서도 참된 사랑에 실패할 수 있다.

성경은 '진리를 말하는 것' 자체가
곧 사랑이라고 가르치지 않는다
성경은 '사랑 안에서'
진리를 말하라고 가르친다

관계를 여는 열쇠

잃어버린 이를 사랑하는 것은 단순히 신앙의 덕목 중 하나가 아니다. 그것은 실제로도 매우 중요하다. 사랑이 느껴지지 않는 곳에서는 메시지가 들릴 가능성이 낮기 때문이다. 메시지가 전달되려면 신뢰가 필수적인데, 이 신뢰는 상대가 "이 사람이 정말로 나를 아끼고 있구나"라는 확신에서 자라난다.

진부하게 들릴지 모르지만, 무조건 맞는 말이 하나 있다. 사람들은 당신이 얼마나 많은 지식을 가졌는지보다, 당신이 자신을 얼마나 진심으로 아끼는지부터 본다. 누군가를 사랑하지 않은 채 다가가는 것은 진실한 관계의 길목에 스스로 장애물을 세우는 셈이다. 그것은 당신의 전도 노력을 가로막는 데서 그치지 않는다. 상대의 마음을 기독교 전체에 대해 닫게 만들고, 훗날 그에게 다가갈 다른 신자의 길까지 더 어렵게 만들 수 있다.

그렇다고 해서 사랑을 전도를 위한 '실용적 전략'으로만 여겨서는 안 된다. 사랑은 우리가 고백하는 하나님을 정말로 알고 있는지 가늠하게 하는 가장 확실한 '시금석'이다. 성경에서 가장 유명한 대목 중 하나인 고린도전서 13장은 시작부터 우리 정신을 번쩍 들게 한다. 바울의 선언은 더할 나위 없이 날카롭다.

내가 사람의 방언과 천사의 말을 할지라도 사랑이 없으면 소리 나는 구리와 울리는 꽹과리가 되고 내가 예언하는 능력이 있어 모든 비밀과 모든 지식을 알고 또 산을 옮길 만한 모든 믿음이 있을지라도 사랑이 없으면 내가 아무 것도 아니요 내가 내게 있는 모든 것으로 구제하고 또 내 몸을 불사르게 내줄지라도 사랑이 없으면 내게 아무 유익이 없느니라(고전 13:1-3).

당신이 누구보다 분명한 목적을 가지고 꾸준하게 전도하는 사람일 수 있다. 심지어 눈에 보이는 회심의 열매를 맺었을지도 모른다. 그러나 하나님은 우리가 절대 놓쳐서는 안 될 본질을 상기시키신다. 사랑이 없다면 우리는 그저 "소리 나는 구리와 울리는 꽹과리가 되고 …… 아무 것도 아니요 …… 아무 유익이 없느니라."

단순해 보이지만 결코 가벼운 말이 아니다. 사랑은 우리가 맺는 모든 수평적 관계, 즉 가족과 이웃, 동료, 그리고 담대히 복음을 나누려는 모든 이와 관계를 여는 핵심 열쇠다. 바울은 우리가 사랑을 그저 따뜻한 감정 정도로 축소하지 못하도록, 사랑의 실체를 구체적으로 풀어 준다.

사랑은 오래 참고, 사랑은 온유하며, 교만하지 아니하며, 무례히 행하지 아니하며, 자기의 유익을 구하지 아니하며, 성내지 아니하며, 악한 것을 생각하지 아니하며, 모든 것을 참으며 모든 것을 믿으며 모든 것을 바라며 모든 것을 견디느니라. 정말 쉽지 않은 일이다.

미묘하지만 거대한 차이

성경적 사랑의 실체를 논할 때 반드시 짚고 넘어가야 할 점이 있다. 오늘날의 흐름과는 달리, 성경적 사랑은 결코 사람을 죄 가운데 그대로 두면서 "다 괜찮다"라고 다독이지 않는다. 그것은 널리 퍼져 있는 사탄적인 왜곡이다. 진리를 타협하는 것 역시 사랑이 아니다. 진리 없는 사랑은 허구이며, '사랑'이라는 이름을 붙일 가치가 없다.

문제는 '옳은 말'을 하면서도 '옳지 않은 방식'으로 말할 수 있다는 점이다. 우리는 분노의 시대에 살고 있다. 사소한 대화조차 금방 과열되어 비난으로 치닫곤 한다. 성경은 이런 열병 같은 문화 한복판에 엄중한 경고를 던진다. "너희는 이 세대를 본받지 말고 오직 마음을 새롭게 함으로 변화를 받아 하나님의 선하시고 기뻐하시고 온전하신 뜻이 무엇인지 분별하도록 하라"(롬 12:2).

당신이 세상의 '끝없는 분노 생산 장치'에 먹이를
주고 있다면, 당신은 세상이 당신을 "세상의 틀에 억지
로 맞추"도록 내버려 두는 것이다.[27] 세상이 당신을 자
기네 틀에 맞게 찍어 내도록 방치하는 것이나 다름없
다. 예수님은 그런 사람을 맛을 잃은 소금에 비유하신
다(마 5:13). 구별되지도, 눈에 띄지도 않으며, 아무런 쓸
모도 없기 때문이다. 세상의 분노 문화에 동조한 당신
의 복음 증언은 무력함을 넘어, 오히려 그리스도의 일
을 가로막는 역효과를 낳는다.

그렇다고 그리스도인이 세상 앞에서 물러서며 말
끝을 흐리는, 맹물 같은 사람이 되어야 한다는 뜻은 아
니다.[28] 하지만 온갖 근거 없는 비난 속에서도 침묵하
며 죄가 없으셨던 주님 앞에 선다면, 우리의 태도와 말
투는 대단히 중요해진다.

안타깝게도 전도를 한답시고 상대를 멸시하는 인
상을 풍기는 이들이 있다. "나는 옳고 너는 틀렸어. 이
제 그 사실을 가르쳐 줄게."[29] 이런 태도는 자기 의에
취하게 만들 순 있어도, 결코 그리스도인의 자세는 아
니다. 그렇게 되면 우리는 복음을 전한다는 명목으로

오히려 복음을 가리는 셈이 된다.

어떤 이는 이렇게 항변할지 모른다. "그래도 나는 진리를 전하는 중입니다! 진실을 말해 주는 것이야말로 상대를 사랑하는 길 아닙니까?" 그러나 성경은 '진리를 말하는 것' 자체가 곧 사랑이라고 가르치지 않는다. 성경은 '사랑 안에서' 진리를 말하라고 가르친다(엡 4:15). 이 미묘하지만 거대한 차이를 곰곰이 곱씹어 보라.

요컨대, 우리가 믿음을 전하는 방식은 우리가 고백하는 복음을 더욱 빛나게 하거나(딛 2:10), 아니면 처참히 훼손하거나 둘 중 하나다.

구체적으로 사랑을 실천하는 가장 좋은 방법은 '잘 듣는 것'이다. 이것은 삐걱거리는 연인 관계에만 필요한 조언이 아니라, 모든 대인 관계의 기본 중의 기본이다. 누군가에게 진심으로 귀 기울이는 행위는 그를 사랑하는 것과 너무나 비슷해서, 많은 사람은 그 차이를 거의 구분하지 못한다.[30] 성경이 "듣기는 속히 하고 말하기는 더디 하라"(약 1:19)라고 권면하는 것도 놀랍지 않다. 그런데 우리는 얼마나 자주 이 원칙을 뒤집어 버리는가. 내 말에만 도취된 나머지, 상대가 하나님의 말씀마저 듣기 싫어지게 만들 위험을 무릅쓰면서 말이다.

잘 듣는다는 것은 사려 깊은 질문을 던진다는 뜻이기도 하다. 전도는 상대를 영적으로 심문하는 과정이 아니다. 누구도 의도가 뻔히 들여다보이는 질문 세례를 받고 싶어 하지 않는다. 잠언의 권면에 귀 기울이라. "사람의 마음에 있는 모략은 깊은 물 같으니라 그럴지라도 명철한 사람은 그것을 길어 내느니라"(잠 20:5). 민감함과 지혜를 구하며 주의 깊은 질문으로 상대를 대하라. 그리고 충분한 시간을 들여 경청하라.

우리도 한때 잃어버렸던 자였음을 기억한다면, 우리가 말하는 방식은 분명 달라질 것이다. 분노의 시대, 흐름을 거스르는 메시지는 그에 걸맞은 어조를 입지 않고서는 결코 동력을 얻지 못한다.

무신론자에게서 배운 교훈

유명한 마술사이자 작가인 펜 질레트는 지독한 무신론자다. 그럼에도 '전도'에 관한 그의 통찰은 귀 기울일 만하다.

나는 포교하지 않는 사람을 전혀 존중하지 않는다. 만약 당신이 천국과 지옥이 있다고 믿고, 사람들이 영원한 생명을 얻지 못할 수도 있다고 믿으면서도, 단지 분위기가 어색해질까 봐 침묵한다면…… 도대체 누군가를 얼마나 미워해야 그렇게 입을 꾹 닫을 수 있는가? 영원한 생명의 길이 있다고 믿으면서도 끝내 말해주지 않는다는 것은, 그 사람을 얼마나 끔찍하게 미워한다는 뜻인가?

예를 들어, 트럭 한 대가 당신을 향해 무서운 속도로 돌진하고 있다고 치자. 당신은 그 사실을 믿지 않겠지만, 내 눈에는 그 트럭이 선명히 보인다. 그렇다면 나는 당신을 거칠게 밀쳐서라도 그 트럭을 피하게끔 하지 않겠는가? 복음을 전하는 일은 그보다 훨씬 더 중요하고 긴박한 일이다.[31]

나라면 표현을 조금 다르게 했겠지만, 이 무신론자의 일침에 담긴 본질만큼은 결코 놓치지 말아야 한다. 그는 전도가 그리스도인이 행할 수 있는 가장 큰 사랑의 표현임을 역설적으로 증명하고 있다. 아니, 오히려 침묵이야말로 가장 사랑 없는 행동이며, 증오의 또 다른 형태일 수 있다고 말한다.

지금 당신의 삶 속에, 예수 그리스도의 소망을 나눌 만큼 사랑하는 사람은 누구인가?

누구의 일인가

완벽한 시나리오

문이 열릴 때

가장 탁월한 계획

입을 막는 자

눈가리개를 벗기시는 분

능히 하시고, 돌보신다

가장 아름다운 선언

끊기지 않는 기록

4

어쩌면 당신은 이 책에서 이 장을 가장 먼저 펼쳤을지도 모른다. 가능하다면 앞부분부터 차례대로 읽어 주기를 권하지만, 당신이 왜 이곳으로 먼저 달려왔는지는 충분히 이해한다.

우리가 복음을 전하려다 뒷걸음질 치게 되는 결정적인 이유가 바로 '두려움'이라는 사실을 우리 모두가 알기 때문이다. 어색한 공기가 흐를까 봐 두렵고, 노골적인 거절이나 망신을 당할까 봐 두렵다. 회의론자의 날카로운 반론 앞에 단 한 마디 대답도 못 한 채 말문이 막힐까 봐 두렵기도 하다. 두려움의 목록을 적기 시작하면 아마 끝도 없을 것이다.

우리가 느끼는 두려움 중 어떤 것은 스스로 생각해도 시시하고 우스꽝스러울지 모른다. 하지만 그 이유가 사소하다고 해서 결코 가벼운 문제는 아니다. 두려움은 실제로 우리를 움츠러들게 한다. 두려움 때문에 내가 얼마나 많은 전도의 기회를 흘려보냈는지, 그건 오직 하나님만이 아실 것이다. 두려움이 내 발을 꽁꽁 얼어붙게 만들어, 눈앞에 놓인 소중한 기회들을 지나치게 했던 날들이 참 많았다.

전도에는 특별한 기술이 필요하지 않다. 하지만 한 가지 분명한 사실이 있다. 두려움이 완전히 사라지는 날을 기다리다가는, 우리는 평생 단 한 번도 믿음을 나누지 못할 것이다.

어색한 공기가 흐를까 봐 두렵고
노골적인 거절이나
망신을 당할까 봐 두렵다

회의론자의 날카로운 반론 앞에
단 한 마디 대답도 못 한 채
말문이 막힐까 봐 두렵기도 하다

완벽한 시나리오

말은 쉽지만 실천은 늘 어렵다. 바로 어제의 일이다. 카페에 앉아 있는데, 한 바리스타가 내 티셔츠(교회 이름이 적힌 것이었다)를 보더니 동료에게 슬쩍 말을 건네는 소리가 들렸다. 다 들리지는 않았지만 이런 내용이었다.

"나도 예전에 침례교회 다녔었는데." 쾅! 그야말로 복음 대화의 문이 활짝 열리는 순간이었다. 당신이 지금 읽고 있는 이 책의 작가는 그때 과연 어떻게 했을까? 조용히 자리로 돌아와 계속 원고를 썼다. 하필이면 전도에 관한 책을 말이다.

내가 늘 같은 이유로 입을 다무는 것은 아니다. 이번에는 바리스타가 나를 비웃을까 겁이 난 것도 아니었고, 그녀가 카운터 밑에서 리처드 도킨스의 책을 꺼내 내게 집어 던질까 걱정한 것도 아니었다. 아마도 나는 그저 상황이 충분히 '완벽하지 않다'는 느낌에 얼어붙었던 것 같다. 그녀는 음료를 만들고 있었고, 나는 이미 자리로 돌아가려고 발걸음을 옮긴 뒤였다. (그렇다고 나를 너무 변호해 주지는 말라. 기다리는 손님도 없어서 그녀는 잠깐 정도는 대화할 여유가 있었다.)

나는 '완벽한 기회'를 기다리느라 '충분히 괜찮은 기회'를 흘려보내는 나쁜 기술을 터득해 버린 모양이다. 이것은 비겁할 뿐 아니라 어리석은 짓이다. 분명한 사실이 하나 있다. 그리스도를 전하는 일은 거의 언제나 불편하다는 것이다. 상황은 늘 어딘가 이상적이지 않다. 마치 그 상황 자체가 어둠의 세력이 가장 좋아하는 한 마디, "지금은 아니야"라고 속삭이는 것만 같다.

사실 이것이 내가 이 책을 쓰는 이유이기도 하다. 내가 보기에 시중의 많은 전도 책은 현실에서 동떨어져 있다. 당신이 교회에서 가장 해박하고 말솜씨가 뛰어난 사람이라 해도, 정작 그 순간에 입을 열 준비가 되어 있지 않다면 무슨 소용인가? 늘 뒷걸음질 치며 허둥대던 습관에서 벗어나, 언제든 한 걸음 내디딜 준비를 하자. 이 책이 당신이 더 꾸준히, 더 담대히 입을 열도록 도울 수 있기를 바란다.

완벽한 시나리오를 기다리지 말라. 그런 순간은 영영 오지 않는다. (이 내용은 다음 장에서 더 다룰 것이다.) 하나님이 당신에게 주신 기회를 당당히 거머쥐라. 그것이 당신에게 맡겨진 청지기의 사명이다.

두려움이 완전히 사라지는 날을 기다리다가는
우리는 평생 단 한 번도 믿음을 나누지 못할 것이다

문이 열릴 때

대화의 흐름 속에서 문이 살짝 열리는 순간이 있다. 지금 나누는 이야기를 영적인 주제로 돌릴 수 있겠다는 직감이 스치는 때다. 그럴 때면 몸이 먼저 반응하기도 한다. 정말 그렇다. 속이 울렁거리는가? 정상이다. 심장이 빨리 뛰는가? 이것도 정상이다. 목소리가 파르르 떨리는가? 지극히 정상이다. 전도의 세계에 온 것을 환영한다.

이런 불쾌한 느낌은 도망치거나 미루라는 신호가 아니다. 한숨을 내쉬며 "다음에 하지 뭐" 하면서 물러서라는 뜻도 아니다. 오히려 바로 그 순간이 두려움을 정면으로 마주하고, 제자리에 돌려놓을 때다. 이렇게 선포하라.

"그래, 두려움아. 너는 실재이고 강하다. 그러나 전능하지는 않다. 너는 나의 왕이 아니며, 나는 네 명령에 따르지 않는다. 나는 오직 나의 왕이신 예수님의 부르심에만 응답한다. 나는 그분을 의지하며, 믿음으로 이 한 걸음을 내딛겠다."[32]

상상해 보라. 특히 당신이 기독교 가정에서 자라지 않았다면 더더욱 그렇다. 당신에게 처음 복음을 전해 준 그 사람이 두려움에 얼어붙어 입을 닫아 버렸다면 어땠을까? "아니에요, 주님. 제가요? 저는 아직 준비가 안 됐어요. 게다가 상황도 전혀 이상적이지 않잖아요." 만약 그가 그렇게 결론 내리고 물러섰다면, 지금 당신은 어디에 있겠는가?

가장 탁월한 계획

전도에 관한 대부분의 자료(이 책도 포함해서)는 개인 전도에 초점을 맞춘다. 우리에게는 분명 가능한 모든 도움이 필요하다. 그러나 이 과정에서 우리는 '공동체 전도'가 지닌 독특한 가능성과 힘을 놓칠 때가 많다.

이런 소홀함은 대개 의도적이라기보다, 지역 교회에 대한 이해가 부족할 때 나타나는 자연스러운 결과다. 교회론이 빈약하면 전도의 동력도 약해지기 마련이다.

맥 스타일즈는 그의 책《전도: 한 목소리로 예수님을 전하는 교회》(부제를 보라)에서 공동체 전도의 유익을 몇 가지로 정리한다.

- 우리는 서로가 복음 앞에 책임 있게 살도록 돕는다.
- 서로의 결심을 북돋우며 함께 마음을 굳게 한다.
- 서로의 경험과 시행착오를 통해 함께 배운다.
- 열매를 거둘 때 함께 기뻐하고, 낙심할 때 함께 운다.
- 긴장되는 상황을 함께 통과하며 더 단단히 묶인다.[33]

아마 당신은 이 외에도 더 많은 유익을 떠올릴 수 있을 것이다. 요점은 명확하다. 가능하다면 언제든 복음 전도를 개인의 숙제가 아닌 '교회 공동체의 사명'으로 만들라는 것이다. 오해하지 말라. 담임목사님께 전도 집회를 한 번 더 열어 달라고 요청하라는 말이 아니다. 당신이 직접 움직이되, 다른 지체들을 그 흐름 속으로 초대하라는 의미다.

어느 교회든 집회나 프로그램 하나쯤은 시작할 수 있다. 하지만 '전염성 있는 전도 문화', 즉 세상이 도무지 이해할 수 없고 설명할 수 없을만큼 사랑이 넘치고 매력적인 공동체는 저절로 생기지 않는다.

이를 위해서는 끈질긴 의지와 집요한 실천, 그리고 동시에 성령의 초자연적인 능력이 필요하다. 이런 변화는 교회가 자신을 '전도를 위한 하나님의 가장 탁월한 계획'으로 여기기 시작할 때, 그리고 복음의 대화가 공동체 전체의 일상적인 삶의 양식이 될 때 일어난다.

어려운 일도 혼자가 아닐 때, 즉 누군가와 짐을 나눌 수 있을 때 훨씬 수월해지는 법이다. 그런 의미에서 공동체의 증언은 우리의 두려움을 정면으로 돌파하게 만드는 전환점이 된다. 복음을 전하려 할 때 세상과 육신과 마귀는 집요하게 우리를 대적하지만, 우리가 다른 이들과 함께 증언의 길을 걸을 때는, 바람이 우리 등을 밀어 주는 듯한 평안을 경험하게 될 것이다.[34]

당신에게 처음
복음을 전해 준 그 사람이

두려움에 얼어붙어
입을 닫아 버렸다면 어땠을까?

입을 막는 자

이제 다시 개인의 차원으로 돌아가 보자. 내가 여러 해 동안 전도 현장에서 넘어지고 부딪히며 배운 분명한 사실이 하나 있다. 대화는 거의 언제나 내가 두려워했던 것보다 훨씬 더 매끄럽게 흘러간다는 점이다.

상황이 이렇다 보니 이런 생각이 든다. 우리가 복음의 대화를 시작하지 못하도록, 어떻게든 '너무 늦을 때까지' 미루게 하려고 이 판에 필사적으로 끼어드는 누군가가 있는 것은 아닐까? 단언컨대, 전도에 관해서라면 사탄은 우리보다 훨씬 더 바쁘다.

만일 우리의 복음이 가리었으면 망하는 자들에게 가리어진 것이라 그 중에 이 세상의 신이 믿지 아니하는 자들의 마음을 혼미하게 하여 그리스도의 영광의 복음의 광채가 비치지 못하게 함이니 그리스도는 하나님의 형상이니라 우리는 우리를 전파하는 것이 아니라 오직 그리스도 예수의 주 되신 것과 또 예수를 위하여 우리가 너희의 종 된 것을 전파함이라 어두운 데에 빛이 비치라 말씀하셨던 그 하나님께서 예수 그리스도의 얼굴에 있는 하나님의 영광을 아는 빛을 우리 마음에 비추셨느니라(고후 4:3-6).

마귀는 죄인들이 진리에 눈을 뜨지 못하도록 쉴 새 없이 움직인다. 그가 즐겨 쓰는 수법 중 하나는 바로 당신의 입을 봉쇄하는 것이다. 그는 우리의 말을 막기만 하면, 보지 못하게 만드는 일도 훨씬 수월해진다는 것을 잘 안다. 그래서 그는 집요하게 우리를 침묵시키려 한다. 우리가 입을 다무는 순간, 잃어버린 이들은 그토록 아름답고 소망 가득한 복음의 빛을 접할 기회조차 잃어버리기 때문이다.

눈가리개를 벗기시는 분

만일 하나님께서 만물을 주관하신다는 사실을 믿지 않았다면, 나는 누군가와 믿음을 나눌 어떤 이유도 찾지 못했을 것이다. 성경은 영적으로 타락한 인간의 마음를 가리켜 "허물과 죄로 죽었던" 상태라고 단언하기 때문이다(엡 2:1). 우리는 이 표현을 더 점잖은 말로 희석해서는 안 된다.

그런데도 예수님은 자기 백성을 부르셔서 "사람을 낚는 어부"가 되게 하신다(마 4:19; 렘 16:14-16 참조). 그렇다면 우리는 어떻게 영적인 시체를 건져 낼 소망을 품을 수 있는가? 그들에게 생명을 주시는 분이 따로 계시기 때문이다.

나사로를 기억하는가? 무덤 밖에서 들려온 한 음성이 그의 심장을 다시 뛰게 하고 폐에 생기를 불어넣기 전까지, 그의 육신이 처한 상태가 바로 우리의 영적 상태였다. 이처럼 세상은 거대한 '영적 공동묘지'다. 우리의 일은 그 묘지 사이를 걸어 다니며 관을 향해 말을 거는 것이다. 관 뚜껑을 열어젖히는 일은 하나님의 몫이다.[35]

많은 사람이 구원에서 하나님의 주권을 강조하는 관점을 오해하곤 한다. 마치 하나님께서 구원을 원치도 않는 사람을, 발버둥 치며 저항하는 의지에 반해 억지로 하나님 나라로 끌고 들어가시는 것처럼 말이다. 하지만 성경이 그리는 그림은 전혀 다르다.

인류를 한번 상상해 보라. 하나님을 향해서는 죽어 있고 죄를 향해서는 살아 있는 사람들이, 자신들이 '해변'이라 굳게 믿는 곳을 향해 전력 질주하고 있다. 모두 눈가리개를 하고 있어 앞에 무엇이 있는지, 곧 지옥이 기다리고 있다는 사실을 보지 못한다.

이때 이미 구조받은 사람들, 곧 예수님을 믿는 이들은 길가에 서서 사랑으로 외친다. "멈춰. 돌아서! 그대로 가면 멸망이야!" 하지만 눈먼 이들은 오히려 소리

친다. "조용히 해, 이 광신자들아! 우리가 왜 망해? 우린 지금 해변으로 가는 중이야. 벌써 공기가 따뜻해지는 게 안 느껴져?"

그런데 바로 그때, 놀라운 일이 일어난다. 긍휼의 하나님께서 개입하셔서 그들의 눈가리개를 벗기기 시작하신다. 마침내 자기가 어디로 달려가고 있었는지 보게 된 사람은 어떻게 하겠는가? 그는 기쁨으로, 자발적으로 방향을 틀어 반대편으로 질주한다. 하나님은 우리의 의지를 꺾어 억지로 끌고 오지 않으신다. 하나님은 우리가 기꺼이 그분께 달려오도록 만드신다.

여기에 우리를 자유하게 하는 진리가 있다. 우리는 눈가리개를 벗기는 사람이 아니다. 우리는 단 한 사람의 마음도, 단 한 사람의 눈도 뜨게 할 수 없다. 우리의 임무는 그저 그리스도를 내어 보이는 것뿐이다. 눈가리개를 벗기시는 일은 철저히 하나님의 일이다.

지금 당신 곁에 복음을 들어야 할 누군가가 있는가? 그에게 입을 열기로 결단하라. 그리고 성령께서 그 어두워진 마음에 빛을 환히 비추어 주시길 간구하라.

혹시 당신도 모르고 그도 모르는 사이에, 그가 하나님
과 만날 '약속의 때'를 맞고 있다면 어떨까? 평생 처음
으로 예수 그리스도 안에서 구원의 필요성을 깨닫고,
그분의 품으로 달려가게 된다면 어떨까? 지금이 바로
영광의 하나님께서 그의 눈가리개를 벗기시려는 순간
이라면 어떻겠는가?

이것이 바로 두려움의 해독제다. 복음을 거부하는
사람들이 끝내 밀어내는 것은 당신이 아니라 하나님이
시다. 우리는 그저 그분의 메시지를 전하는 우편배달
부일 뿐이다.

능히 하시고, 돌보신다

대학 시절 나를 지도해 주셨던 캠퍼스 사역자 댄 플린에게 나는 지금도 깊이 감사한다. 그는 늘 성경이 말하는 두 가지 진리를 한 쌍으로 묶어 강조하곤 했다. "하나님은 능히 하신다God can." 그리고 "하나님은 돌보신다God cares."[36] 그때는 미처 깨닫지 못했지만, 그 단순한 문장 속에는 성경적 기독교를 세상의 다른 모든 종교와 구별 짓는 본질이 담겨 있었다.

예를 들어, 개신교 자유주의가 제시하는 '신'은 선할지는 몰라도 위대하지는 않다. 우리를 돌보기는 하지만 정작 상황을 바꿀 능력은 없다. 친절한 친구나 노련한 인생 코치, 혹은 세계적 수준의 심리치료사처럼 보일지 모르나, 결국 그 신은 '저 위에 계신 분'에 불과하다. 반면 이슬람 같은 종교들은 정반대의 신을 제시한다. 위대하지만 온전히 선하다고 보기는 힘든 신, 할 수는 있지만 어쩌면 우리를 돌보지 않을지도 모르는 신 말이다.

그러나 성경을 펼치면 전례 없는 경이로운 광경이 펼쳐진다. 우리는 위대하면서도 선하시고, 모든 만물을 주관하시면서도 한없이 인자하시며, 능히 행하실 뿐 아니라 우리를 세심히 돌보시는 살아 계신 주님을 만난다.

만일 하나님이 선하시기만 한 분이라면, 나는 전도해야 할 상황이 올 때마다 두려움에 떨며 이불 속으로 숨어버릴 것이다. 아무리 선한 의지로 최선을 다하신다 해도, 정작 능력이 없는 분을 내가 어떻게 전적으로 신뢰할 수 있겠는가?

반대로 하나님이 모든 일을 주관하시기만 한다면, 나는 그 사실이 더 두려울 것이다. 긍휼이 없는 전능함이 우리에게 무슨 확신을 주겠는가? 인간의 고통 속으로 기꺼이 뛰어들어 우리를 건져 낼 만큼 우리를 사랑하지 않으신다면, 그런 하나님에게서 어떤 위로를 기대할 수 있겠는가? 상처 없는 하나님에게 무슨 소망이 있겠는가?

가장 아름다운 선언

누가복음 12장에서 예수님은 제자들에게 염려하지 말라고 권면하신다. 하늘 아버지는 위대하시면서도 선하신 분이기 때문이다. 그리고 주님은 복음서 전체를 통틀어 가장 아름다운 선언 중 하나를 들려주신다.

적은 무리[37]여 무서워 말라 너희 아버지께서 그 나라를 너희에게 주시기를 기뻐하시느니라(눅 12:32).

이 짧은 한 절 속에 담긴 세 가지 거대한 진리를 보았는가? 목자, 아버지, 그리고 왕. 우리가 성경에서 만나는 하나님은 길 잃은 우리를 끝내 찾아내시는 '목자'이시며, 우리를 자녀로 품으시는 '아버지'이시고, 우리를 통치하고 지키시는 '왕'이시다.

이천 년 전, 주 예수 그리스도 안에서 목자이신 왕

은 우리를 위해 죽임당한 ‘어린 양’이 되셨다. “여호와는 나의 목자시니”(시 23:1)라는 고백도 우리에게 큰 위로를 주지만, 우리에게는 이보다 더 놀라운 약속이 있다. 바로 보좌에 앉으신 ‘어린 양’이 친히 우리의 ‘목자’가 되어 주신다는 약속이다(계 7:17).

예수님은 영광 가운데로 올라가시기 직전에, 그 누구도 꺾을 수 없는 확신을 우리 가슴에 새겨 주셨다.

볼지어다 내가 세상 끝날까지 너희와 항상 함께 있으리라(마 28:20).

당신은 복음을 전할 때 두려울 수 있다. 하지만 이것만은 기억하라. 당신은 결코 혼자가 아니다.

끊기지 않는 기록

성경 전체를 통틀어 가장 많이 반복되는 명령이 무엇인지 아는가? 바로 "두려워하지 말라"이다. 하나님은 우리가 이 말을 끊임없이 되새길 필요가 있음을 분명히 아셨다.[38]

인류 역사는 두려움 많은 사람을 향한 하나님의 신실하심이 쉼 없이 이어져 온 거대한 이야기다. 하나님은 단 한 번도 자기 백성을 저버리신 적이 없으며, 그 신실한 역사가 당신의 삶에서 끊기는 일 또한 결코 없을 것이다. 돌이켜 보라. 지난 수많은 '어제' 동안 하나님이 당신에게 신실하지 않으셨던가? 만약 그렇다면, 내일 당신에게 찾아올 낯선 전도의 기회 속에서도 하나님이 당신을 붙드실 것이다. 이 사실을 믿어도 좋다.

주어진 자리에서
start

불편한 진실

공동체 기도

뜻밖의 계획

익숙하고 편안한 생각들

이상적인 순간

스포트라이트

한 평범한 그리스도인

5

"언제나 복음을 전하라. 필요하다면 말도 사용하라."

성 프란치스코 아시시의 말로 널리 알려져 있지만, 사실 정확한 출처는 아니다. 이 문구는 재치 있고 귀에 착 감기긴 하지만, 문제가 하나 있다. 성경적이지 않다는 것이다. 삶 전체가 예배여야 한다는 의도만큼은 높이 살만하지만, 자칫 말이 행위에 비해 부차적이라거나 심지어 선택 사항일 뿐이라는 잘못된 뉘앙스를 풍긴다.

전도, 즉 예수 그리스도의 기쁜 소식을 전하는 일에는 반드시 '말'이 필요하다. 물론 그리스도인은 행동으로 복음을 빛나게 하도록 부름받은 존재들이다(딛 2:10). 그러나 우리의 선한 행실 그 자체가 복음은 아니다. 아무리 의롭게 산다 한들, 하나님께서 그리스도를 통해 이루신 위대한 일을 입술로 선포해야 할 책임을 대신할 수는 없다.

지금까지 이 책은 전도의 기술보다는 전도를 '준비'하는 과정에 더 초점을 맞추어 왔다. (실전 전도법을 다룬 훌륭한 교재들은 이미 많이 나와 있다. 부록에 실린 추천 목록을 참고하라.)

그럼에도 이 5장이 없다면, 이 책은 미완성으로 남을 수밖에 없을 것이다. 복음을 붙들고, 맥락을 살피고, 잃어버린 이를 사랑하며, 두려움에 직면하는 법을 모두 배웠어도, 정작 입을 여는 단계에 이르지 못한다면 무슨 소용이 있겠는가.

이른바 '전도 이전'pre-evangelism의 단계는 중요하다. 하지만 '이전'이라는 용어를 사용하는 데는 이유가 있다. 그것이 전도를 대신할 수는 없다. 자칫하면, 사람들을 '전도 이전'의 단계에만 머물게 하다가 끝내 복음을 한 마디도 전하지 못한 채 그들이 멸망으로 향하도록 방치하는 비극이 벌어질 수도 있다.[39]

인생에서 누릴 수 있는
가장 큰 두 가지 특권은

‘다른 사람을 위해 하나님께 말하는 것’과
‘하나님을 대신해 다른 사람에게 말하는 것’이다

불편한 진실

복음을 전하는 일이 여전히 두려운가? 당신만 그런 것이 아니다. 초대교회의 그리스도인들도 그랬다. 그들은 만화 속 영웅처럼 초인적인 용기를 타고난 사람들이 아니라, 우리와 같은 평범한 사람들이었다.

사도행전 4장을 보면 베드로와 요한은 체포된 뒤, 그리스도의 이름으로 말하지 말라는 경고를 받는다. "이 사실이 민간에 더 퍼지지 못하게" 입을 막으려는 의도였다(행 4:17). 그들이 풀려나 영적 가족들에게 돌아왔을 때, 두려움에 떨던 공동체가 함께 드린 기도는 이것이었다.

주여 이제도 그들의 위협함을 굽어보시옵고 또 종들로 하여금 담대히 하나님의 말씀을 전하게 하여 주시오며(행 4:29).

신약 성경의 3분의 1을 기록한 위대한 사도 바울조차 복음을 전할 때 "약하고 두려워하고 심히 떨었노라"라고 고백한다(고전 2:3). 그는 에베소 교회에 보내는 편지 말미에 자신을 위해 간절히 기도해 달라고 요청한다.

또 나를 위하여 구할 것은 내게 말씀을 주사 나로 입을 열어 복음의 비밀을 담대히 알리게 하옵소서 할 것이니 이 일을 위하여 내가 쇠사슬에 매인 사신이 된 것은 나로 이 일에 당연히 할 말을 담대히 하게 하려 하심이라(엡 6:19-20).

전도라는 막중한 사역에서 기도가 뒷전으로 밀려나는 일은 결코 없어야 한다. 기도는 보기 좋은 장식도, 취향에 따른 옵션도 아니다. 기도는 사명의 중심이며, 과업을 수행하는 데 반드시 필요하다. 우리는 지금 전쟁 한복판에 있기 때문이다. 우리의 대적은 실재하며, 이 전쟁에는 영원한 운명이 걸려 있다.

우리가 섬기는 하나님이 만물을 다스리는 최고 사령관이시라는 사실은 우리에게 큰 힘이 된다. 하지만 더 놀라운 점은, 우리가 그 사령관과 언제든 대화할 수 있다는 사실이다. 그런데 우리는 정말로 그 특권을 누리고 있는가?

불편하지만 인정해야 할 진실이 있다. 우리가 기도하지 않는다는 것은 우리의 교만을 드러내는 증거다. H. B. 찰스는 이를 명쾌하게 정리했다.

기도는 우리가 하나님을 얼마나 의지하는지를 보여주는 가장 객관적인 척도다. 이렇게 생각하면 쉽다. 당신이 기도하는 일은 하나님께서 맡아 처리하시리라 믿는 일이다. 반대로 당신이 기도하지 않는 일은 당신 스스로 처리할 수 있다고 믿는 일이다.[40]

기도하지 않는 것은 단순히 경건 훈련 하나를 소홀히 하는 정도가 아니다.[41] 그보다 훨씬 심각하다. 그것은 우리 자신을 감히 감당할 수 없는 자리에 올려 두는 것이며, 스스로 하나님 노릇을 하겠다고 고집을 피우는 행위다.

우리는 기도하고, 기대하며, 기다린다
그리고 그 과정을 무한히 반복한다
하지만 정작 '행동'은 하지 않는다

공동체 기도

개인 기도가 하늘 아버지께 이어지는 생명줄이라는 사실을 모르는 신자는 거의 없다. 하지만 우리가 공동체 전도의 가치를 간과하듯, 공동체 기도의 힘 또한 과소평가하고 있는 것은 아닐까? 나는 극단적인 개인주의가 지배하는 이 시대야말로, 우리의 기도 생활을 교회 공동체의 영역으로 다시 가져와야 할 적기라고 믿는다.

사도행전에는 '기도'라는 단어가 스물한 번 등장한다. 흥미로운 사실은 그 기도들이 대부분 공동체적인 형태였다는 점이다. 내가 우리 교회에서 특별히 사모하는 자리 중 하나도 매주 열리는 기도회다. 우리는 그곳에서 전도를 위해 마음을 모은다.

물론 고된 일과를 마치고 모인 탓에 집중하기가 쉽지 않을 때도 있다. 그러나 집중이 잘 안 된다고 해서

놀랄 필요는 없다. 기도회 자리에는 사탄의 권세들도 찾아오기 때문이다. 그들은 배고픔이나 산적한 업무 목록 등 온갖 수단을 동원해 우리의 마음을 흩뜨려 놓으려 애쓴다.

더 근본적인 이유도 있다. 기도는 애당초 우리의 '재미'를 위해 마련된 것이 아니다. 우리는 화려한 이미지와 자극적인 영상, 즉각적인 결과에 중독된 문화 속에서 살고 있다. 그러니 정적인 기도가 버겁게 느껴지는 것은 당연한 일이다. 하지만 복음을 전하는 데 하늘의 능력이 절대적으로 필요하다는 사실을 안다면, 우리는 지금보다 더 깊이 공동체 기도 속으로 뛰어들어야 한다.

이것이 당신 개인에게만 유익하다고 생각하지 말라. 교회와 함께 무릎 꿇는 것은 세상을 향한 가장 깊은 사랑의 선언이다. 메건 힐은 그의 책 《내가 속할 자리》에서 이를 탁월하게 설명한다.

교회의 기도회는 겉보기에 초라해 보일지 모른다. 눈을 감고 보이지 않는 하나님께 번갈아 말을 건네는 사람들의 모임이 세상의 찬사를 받을 리 없다. 세상의 눈에 그것은 고풍스러운 의식 아니면 지독한 어리석음으로 비칠 뿐이다. 사람들은 우리의 중보기도를 무심히 흘려보낸다. 그러나 그들은 모른다. 기도하는 교회야말로 그들에게 가장 진실한 친구라는 사실을. 어둠 속을 걷는 이들에게, 무릎을 꿇고 하나 되어 그들의 영혼에 빛이 비치길 간구하는 성도의 무리보다 더 좋은 벗은 없다.[42]

하나님의 백성은 무릎으로 그분의 나라를 전진시킨다. 복음을 전하는 일에 신실한 교회는 기도하는 교회다.

인생에서 누릴 수 있는 가장 큰 두 가지 특권은 '다른 사람을 위해 하나님께 말하는 것'과 '하나님을 대신해 다른 사람에게 말하는 것'이다. 그리고 이 둘 사이에는 분명한 순서가 있다. 먼저 길 잃은 이들을 두고 주님께 간절히 말씀드려라. 그러고 나면, 그들에게 주님에 대해 말할 때가 올 것이다.

당신이 만나는
대부분의 잃어버린 이들,

아니 지금 당신 주변에 있는
사람들 대부분은 복음을
거부해 본 적이 없다

그들은 복음을 제대로
'들어본 적'이 없기 때문이다

뜻밖의 계획

3장에서 우리는 이른바 '접촉 전도'(낯선 이와 복음 대화를 시작하는 방식)에 내재한 몇 가지 위험 요소를 살펴보았다. 그중 하나는 상대를 인격이 아닌 하나의 '프로젝트'로 대하게 되는 유혹이다. 물론 비기독교인과 관계를 쌓고 신뢰를 얻는 일은 대개 바람직한 일이다. 하지만 인생은 짧고 우리는 유한하다. 우리가 스쳐 지나가는 비기독교인들 대부분과 친구가 되는 것은 애초에 불가능한 일이다. 그렇다고 일상에서 영적인 대화의 물꼬를 트는 일까지 포기해야 할까.

대학 시절, 내가 속했던 캠퍼스 사역 단체는 종종 접촉 전도를 중심으로 활동을 준비하곤 했다. 그럴 때면 관계 전도만이 유일한 정답이라고 믿는 이들은 눈살을 찌푸렸다. 우리의 방식이 차갑고 비인격적이며, 심지어 상대를 속이는 기만적인 행위라고까지 여겼기 때문이다.

물론 아무리 선한 일이라도 남용될 수 있다. 접촉 전도 역시 사랑 없이, 무례한 방식으로 흘러갈 위험이 있다. 하지만 반드시 그런 것만은 아니다. 오히려 성경은 이 방식을 복음 증거의 분명한 본보기로 제시한다.

요한복음 4장에서 예수님은 우물가의 한 여인에게 먼저 말을 건네신다. 그녀는 완전히 낯선 사람이었을 뿐 아니라, 당시 관습상 유대인 남자가 결코 가까이 해서는 안 될 사마리아 여인이었다. 그럼에도 예수님은 의도적으로 그녀를 찾아가셨고, '물'이라는 일상적인 소재를 '영원한 생수'에 관한 대화로 자연스럽게 전환하셨다. 그 과정이 길지도 않았다. "물을 좀 달라"(요 4:7)라는 말씀으로 시작하신 대화는 불과 세 절 만에 복음의 핵심으로 나아간다.

네가 만일 하나님의 선물과 또 네게 물 좀 달라 하는 이가 누구인 줄 알았더라면 네가 그에게 구하였을 것이요 그가 생수를 네게 주었으리라(요 4:10).

이런 방식은 신약 성경에서 특이한 예외가 아니다. 초대교회 역시 접촉 전도를 일상적으로 실천했다.

그들은 날마다 성전에서, 집에서, 강가에서 그리고 사람들이 붐비는 장터에서 만나는 누구와도 기꺼이 변론하고 전도했다(행 5:42, 16:13, 17:17).

초대교회 그리스도인들은 주권자이신 하나님께서 자신의 길에 놓아 주시는 사람이라면, 그가 설령 '우연히' 마주친 낯선 이라 할지라도 복음을 전할 준비가 되어 있었다(잠 16:9; 20:24).

그러므로 당신도 일상을 살아가며 늘 영적으로 깨어 있으라. 주님께 '하나님이 예비하신 만남'을 허락해 달라고 간구하라. 당신에게는 뜻밖의 우연처럼 보이겠지만, 사실 그것은 오래전부터 하나님의 일정표에 세밀하게 기록되어 있던 만남일지 모른다.

지난 세월 내가 경험한 가장 풍성한 복음 대화 중 상당수는 내가 치밀하게 계획한 것이 아니었다. 하나님에게는 그분만의 원대한 계획표가 있다. 하나님은 잃어버린 이들의 유익과 그분의 영광을 위해, 우리의 믿음 근육을 단련시킬 특별한 만남들을 기쁘게 준비하고 계신다.

익숙하고 편안한 생각들

3장에서 우리는 좋은 질문이 가진 힘을 살펴보았다. 상대가 자신의 삶을 들려주게 하고, 그가 무엇을 믿고 바라고 의심하는지 경청하는 일의 중요성 말이다. 그런 진실한 경청은 종종 영적인 질문으로 이어진다.

그러나 어느 지점에 이르면, 단순히 비기독교인의 질문에 답하는 수준을 넘어 한 걸음 더 나아가야 한다. 그들이 내놓은 대답을 되짚어 보게 만드는 질문을 던져야 한다.43 오늘날의 회의론자들은 대개 성경적 진리가 마음에 자리 잡지 않은 채 복음 대화에 들어온다. 그렇다고 그들의 마음이 텅 비어 있는 것은 아니다. 오히려 그 공간은 오랫동안 써서 익숙하고, 편안하며, 사랑받는 온갖 세속적 전제들로 가득 차 있다. 문제는 그 생각들이 마땅히 있어야 할 자리에 있지 않다는 점이다.

사람은 누구나 가치 있는 삶에 대한 자기만의 밑그림을 품고 산다. 그것을 손에 넣기 위해 무엇을 해야 하는지, 혹은 왜 매번 실패하는지에 대한 나름의 이론도 가지고 있다. 승진, 성적 만족, 경제적 안정, 인맥과 평판, 혹은 완벽한 가정 ……. 무엇이 되었든 우리는 결국 생명을 줄 수 없는 것들에서 생명을 찾는다. 이사야 55장에서 하나님은 누구든 자신에게 나오라고 초청하시며, 동시에 날카로운 질문을 던지신다.

오호라 너희 모든 목마른 자들아 물로 나아오라 돈 없는 자도 오라 너희는 와서 사 먹되 돈 없이, 값 없이 와서 포도주와 젖을 사라 너희가 어찌하여 양식이 아닌 것을 위하여 은을 달아 주며 배부르게 하지 못할 것을 위하여 수고하느냐(사 55:1-2).

당신의 마음에는 다른 본문들도 떠오를 것이다.

너 하늘아 이 일로 말미암아 놀랄지어다 심히 떨지어다 두려워할지어다 여호와의 말씀이니라 내 백성이 두 가지 악을 행하였나니 곧 그들이 생수의 근원되는 나를 버린 것과 스스로 웅덩이를 판 것인데 그것은 그물을 가두지 못할 터진 웅덩이들이니라(렘 2:12-13).

거짓되고 헛된 것을 숭상하는 모든 자는 자기에게 베
푸신 은혜를 버렸사오나(욘 2:8).

열두 해를 혈루증으로 앓아 온 한 여자가 있어 많은
의사에게 많은 괴로움을 받았고 가진 것도 다 허비하
였으되 아무 효험이 없고 도리어 더 중하여졌던 차에
(막 5:25-26).

이 세상 모든 영혼은 어떤 형태로든 '삶의 잔치'를
갈구한다. 인생을 풍성하게 채워 줄 나름의 '레시피'를
찾아 헤매는 것이다. 이사야 55장을 통해 하나님이 하
시는 말씀은 결국 이것이다. "내 잔칫상에 참여하지 않
는다면, 다시 말해 내(하나님)가 빠져 있는 잔치라면, 네
인생은 결국 빈곤해지고 네 영혼은 굶주려 죽을 수밖
에 없다."

그런데 하나님은 왜 이사야 55장 2절에서 하필
'돈을 낭비하는' 이미지를 사용하셨을까? 거짓 신들은
결코 무언가를 거저 주는 법이 없기 때문이다. 우상은

반드시 처절한 대가를 요구하며, 끝내 우리를 배신하고 실망시킨다. 이 사실을 비기독교인에게 설명할 때, 당신은 우월한 위치에서 그들을 '어리석은 우상숭배자'라며 훈계해서는 안 된다. 오히려 그들 곁에 바짝 다가가, 당신 역시 우상숭배의 유혹에서 결코 자유롭지 못한 존재임을 솔직하게 고백해야 한다.

"이 정도 죄쯤은, 이번 한 번쯤은 내가 통제할 수 있어." 우리 그리스도인들도 이런 식으로 자신을 속이곤 한다. 마치 유료 프로그램의 '무료 체험판'을 신청하는 것처럼 말이다. 위험이 따를 거라는 사실도 알고, 자칫 구독 취소 시점을 놓쳐 요금이 청구될 수 있다는 것도 안다. 그런데도 우리는 스스로를 설득한다. "괜찮아, 잊지 않고 취소하면 돼. 그전까진 공짜로 누릴 수 있잖아." 우리는 거짓 신들과 대체 구원자들을 그렇게 대한다. 조금만 맛보고, 어느 정도 통제하며, 필요할 때 조절할 수 있다고 착각한다. 그러는 사이 우리는 복리로 이자가 불어나고 수익은 전혀 없는 '영적 채무'의 늪으로 점점 더 깊이 빠져든다.

우상의 어리석음을 깨달으려면, 그 우상에 붙은

가격표가 완전히 잘못되었다는 사실을 알아차려야 한다. 우리는 '이득을 봤다'고 믿지만, 실제 우상은 우리가 생각하는 것보다 훨씬 가치가 없으며 우리가 감당할 수 있는 것보다 훨씬 가혹한 대가를 요구한다. 우상은 '거짓 광고'의 달인이다. 마치 노예 상인이 노예 폐지론자로 위장한 것과 같다.[44] 달콤한 자유를 약속하며 다가오지만, 가만히 귀를 기울이면, 우리 발목을 채울 쇠사슬 끌리는 소리가 들린다.

그러므로 복음 대화의 주도권을 전부 상대에게 내어 주지 말라. 그들의 질문에 성실히 답하되, 거기서 멈추지 말고 그들의 대답 이면에 깔린 모순을 드러내는 질문을 던지라. 그리고 그 과정에서 그들이 마음 깊이 애지중지하던 우상이 드러나더라도 당황하지 말라. 그때가 바로 복음이 필요한 순간이기 때문이다.

이상적인 순간

앞서 강조했듯, 그리스도를 전하기 위한 '완벽한 상황'이란 존재하지 않는다. 사도 바울을 보라. 그는 사람들이 먼저 찾아와 주기를 기다리거나, 자신이 가장 편안함을 느끼는 안전지대에 머물며 기회를 엿보지 않았다. 그런 조건이 다 갖춰져야만 비로소 입을 열 만큼 조심스러운 사람도 아니었다.

우리는 흔히 기도하고, 기대하며, 기다린다. 그리고 그 과정을 무한히 반복한다. 하지만 정작 '행동'은 하지 않는다. 우리는 세상 사람들이 우리 안에 있는 소망의 이유를 먼저 물어 오게 하라는 베드로전서 3장 15절의 말씀을 사랑한다.

그러나 마치 전도에 관한 성경 구절이 그 한 절뿐인 양 살아가는 것은 문제다. 누군가 먼저 다가와 진리를 묻는다면 참으로 감사한 일이다. 하지만 그런 상황만을 기다리며 복음 선포를 미루고 있다면, 당신의 평생에 복음을 전할 기회는 그리 많지 않을 것이다.

그러니 다시 말하지만, '이상적인 환경'을 핑계로 시간을 끌지 말자. 자녀를 데리고 나간 공원이 아이들의 소음으로 가득해 정신이 없다면, 분명 그곳은 대화하기에 이상적인 장소는 아니다. 그러나 하나님은 바로 그 순간, 당신을 그곳에 두셨다. 그렇다면 그 어수선한 순간을 최대한 활용해 보라. 우리가 원하는 완벽한 기회가 아니라, 눈앞에 '주어진 기회'에 집중할 때, 성령의 일하심을 기대하며 나아가게 된다. "우리 가운데서 역사하시는 능력대로 우리가 구하거나 생각하는 모든 것에 더 넘치도록 능히 하실 이"(엡 3:20)께서 일하시도록 말이다.

맥 스타일즈는 이렇게 말했다. "문제는 전도가 시도되었다가 실패한 것이 아니라, 어렵다고 여겨져 시도조차 되지 않았다는 것이다."[45] 옳은 말이다. 전도의 가장 큰 장애물은 비기독교인도, 사탄도 아니다. 복음을 전하지 않는 그리스도인이다.

여기 흥미로운 사실이 하나 있다. 당신이 만나는 대부분의 잃어버린 이들, 아니 지금 당신 주변에 있는 사람들 대부분은 복음을 거부해 본 적이 없다. 그들은 복음을 제대로 '들어본 적'이 없기 때문이다. 물론 그들은 자신이 복음이라고 오해하고 있는 어떤 것들을 거부해 왔을 수는 있다. 하지만 길에서 만나는 평범한 이에게 "복음이 무엇입니까?"라고 물어 보라. 은혜로 말미암아 믿음으로 구원을 얻는다는 에베소서 2장 8-9절에 담긴 은혜의 교리를 유창하게 설명할 사람은 거의 없다. 대신 "저는 나름 괜찮게 살아왔어요"와 같은 도덕주의적인 대답이 돌아올 확률이 99퍼센트다.

하나님이 당신을 그들의 삶 속에, 바로 이때, 이 자리에 두신 데에는 분명한 이유가 있다(행 17:26). 설령 당신이 전한 복음을 그들이 거부하더라도, 그것은 의미 있는 진전이다. 최소한 그들은 이제 '가짜'가 아닌 '진짜 복음'을 마주하고 결정할 기회를 얻은 것이다. 진리를 또렷이 알려 주고, 역사상 가장 오해받아 온 이 위대한 메시지를 받아들일, 그 '진짜 기회'를 주기 위해 이제 입을 열어 보지 않겠는가?

스포트라이트

조너선 리먼은 《말씀이 중심이 되는 교회》에서 이런 이야기를 들려준다.

19세기에 한 무리의 미국 그리스도인들이 일주일 일정으로 런던을 방문하기로 했다. 친구들은 들뜬 마음으로 부탁했다. 당시 런던에서 유명했던 두 명의 설교자, 조셉 파커와 찰스 스펄전의 설교를 듣고, 소감을 들려 달라는 것이었다.

런던에 도착한 첫 주일 아침, 그들은 먼저 조셉 파커의 교회를 찾았다. 명성 그대로 그의 웅변은 화려했고 압도적이었다. 예배가 끝나자 한 사람이 감탄 섞인 목소리로 외쳤다. "정말이지, 이 말은 꼭 해야겠어. 조셉 파커야말로 세상에서 가장 위대한 설교자야!"

그들은 저녁에도 파커의 설교를 한 번 더 듣고 싶었지만, 친구들과의 약속을 떠올리며 찰스 스펄전이 설교하던 메트로폴리탄 태버내클로 향했다. 그곳에서 말씀을 듣던 그들은 아침과는 전혀 다른 충격을 받았다. 예배를 마치고 밖으로 나온 뒤, 누군가 떨리는 목소리로 이렇게 말했다.

"정말이지, 이 말은 꼭 해야겠어. 예수 그리스도야말로 세상에서 가장 위대한 구원자야!"[46]

설교의 본질이 그러하듯, 전도의 본질 또한 마찬가지다. 케이트 윌킨슨의 오래된 찬양 가사 중 마지막 절은 이렇다.

잃어버린 이를 찾아 나설 때
그분의 아름다움이 내게 머물게 하소서.
통로는 잊히고
그들의 눈엔 오직 그분만 남게 하소서.[47]

결국 핵심은 우리의 유창한 언변이나 철저한 훈련, 혹은 상황을 주도하는 영리함에 있지 않다. 가장 중요한

것은 우리가 가리키는 '구주'이시다. 스포트라이트를
그분께로 돌리자. 그리고 그분의 찬란한 은혜가 잃어버
린 이들의 마음을 어떻게 변화시키는지 지켜보자.

　　　　　　　　주어진 자리에서

한 평범한 그리스도인

하나님께서 죄인을 구원하시는 일을 얼마나 기뻐하시는지 결코 잊지 말라. 진실로 하나님은 그 일을 사랑하신다. 죄인을 구원하시는 일은 그분의 가슴을 뛰게 한다. 그래서 하나님은 구원의 은혜를 그토록 풍성하게 베푸신다. 성경의 첫 책에서 하나님은 아브라함에게 그의 영적 자손이 얼마나 많아질지 보여 주시기 위해, 나무 몇 그루나 조약돌 한 줌을 가리키지 않으신다.

그를 이끌고 밖으로 나가 이르시되 하늘을 우러러 뭇 별을 셀 수 있나 보라 또 그에게 이르시되 네 자손이 이와 같으리라(창 15:5).

내가 네게 큰 복을 주고 네 씨가 크게 번성하여 하늘의 별과 같고 바닷가의 모래와 같게 하리니……
(창 22:17).

하늘의 별과 바다의 모래. 인간의 눈으로 이보다 더 장엄하고 무한한 숫자를 상상할 수 있을까? 하나님은 결코 긍휼에 인색한 분이 아니시다.

성경의 마지막 책은 마침내 그 약속이 찬란하게 성취된 모습을 보여 주기 위해 휘장을 걷어 올린다. 사도 요한이 감탄하는 장면이다.

이 일 후에 내가 보니 각 나라와 족속과 백성과 방언에서 아무도 능히 셀 수 없는 큰 무리가 나와 흰 옷을 입고 손에 종려 가지를 들고 보좌 앞과 어린양 앞에 서서(계 7:9).

우리는 흔히 이 무리의 다양성에 주목하며 영광스러워한다. 물론 그것은 아름다운 일이다. 하지만 그 '규모' 또한 놓치지 말아야 한다. 요한은 그 수가 너무 많아 아무도 셀 수 없다고 말한다. 그 수많은 사람에게는 저마다의 고유한 인생 이야기가 있다. 그들이 지금 그 영광스러운 자리에 서 있게 된 이유는 무엇일까? 어느 날, 한 평범한 그리스도인이 용기를 내어, 그들에게 죽임당한 어린양에 대해 말해 주었기 때문이다.

하나님은 나나 당신보다 훨씬 더 자비롭고 후하신 분이다. 이 사실은 놀라운 진리를 담고 있다. 하나님께서 죄인을 구원하시려는 열망이, 죄인 스스로가 구원받고 싶어 하는 마음보다 훨씬 더 크다는 사실이다(겔 33:11, 벧후 3:9 참조).[48]

기억하라. 전도는 내 힘으로 사람을 개종시키는 일이 아니다. 신실한 전도란, 성령의 능력을 의지해 먼저 다가가 그리스도를 나누고 그 결과는 하나님께 맡기는 것이다.[49]

이 놀라운 사실이 우리가 믿음을 나누는 거룩한 일을 감당할 때, 우리에게 담대함과 설렘과 소망을 더해 줄 것이다.

이 거룩한 일에 누구를 초대하겠는가

우리가 복음을 들고
다가가는 궁극적인 동기는

사람을 사랑하기 때문이 아니라
하나님을 사랑해서다

결론

몇 해 전, 나는 한 사역 컨퍼런스에 참석했다. 그때 나는 전도에 열심이었고, 신학적으로도 제법 자신만만했다. 강연 도중 강사가 우리에게 한 가지 질문을 던졌다. "여러분, 우리가 사람들에게 복음을 전하는 '궁극적인 동기'는 무엇입니까? 각자 노트에 답을 적어 보십시오."

나는 머릿속으로 정답 후보들을 훑어보았다. '예수님께 대한 순종? 너무 뻔해. 교회를 위한 헌신? 의무감이 강하군. 전도자의 기쁨? 지나치게 이기적이야. 아, 그렇지! 답을 찾았다.' 잃어버린 이들을 향한 사랑.

잠시 후 강사가 다시 단상에 올라 우리가 무엇을 적었는지 물었다. 여기저기서 대답이 쏟아졌고, 내 답과 같은 것도 들렸다. 나는 만족스러운 미소를 지으며 자세를 고쳐 앉았다. 그러나 강사는 내 확신을 풍선처럼 단번에 터뜨렸다. "잃어버린 이들을 향한 사랑은 매우 중요한 이유입니다. 하지만 결코 '최고의 동기'는 될 수 없습니다."

그때 누군가가 나직이 대답했다. "하나님의 영광입니다."

"맞습니다." 강사가 답했다. "그 무엇도 하나님의 영광보다 더 강력한 전도의 동기가 될 수 없습니다."

스물네 살의 나에게 그 대답은 거대한 충격이었다. 나는 단 한 번도 생각해 보지 못한 답이었다. 이 책을 마무리하며 우리도 시선을 인간적인 차원에만 머물게 하지 말자. 전도의 가장 근본적인 축은 수평이 아니라 수직이다. 존 스토트는 이 진리를 잘 포착했다.

전도의 궁극적인 동기는 대위임령에 대한 순종도(물론 중요하긴 하지만), 멸망해 가는 죄인을 향한 사랑도 (특히 하나님의 진노를 생각할 때, 그 동기가 강력하긴 하지만) 아니다. 그것은 예수 그리스도의 영광을 위해 불타는 열심, 곧 뜨겁고도 맹렬한 열망이다. 그리스도인에게 허용되는 단 하나의 '제국주의'가 있다면, 그것은 오직 왕이신 그리스도를 위한 열심과 그분 나라의 영광을 위한 열정뿐이다.[50]

우리가 복음을 들고 타문화권으로 떠나든, 길 하나를 건너 이웃에게 다가가든 그 궁극적인 동기는 사람을 사랑하기 때문이 아니라 하나님을 사랑하기 때문이다. 시편 67편에 나타난 순서를 보라.

하나님이여 민족들이 주를 찬송하게 하시며 모든 민족들이 주를 찬송하게 하소서 (3절)
온 백성은 기쁘고 즐겁게 노래할지니 (4절)
하나님이여 민족들이 주를 찬송하게 하시며 모든 민족으로 주를 찬송하게 하소서 (5절)

가운데에 놓인 4절도 중요하지만, 그 앞뒤를 둘러싼 두 절이 더 궁극적이다. 사람들의 기쁨은 하나님을 찬양하는 데서 흘러나온다.

하나님의 영광이 최고의 동기라는 진리는 신약에

서도 그대로 이어진다. 사도 베드로의 말처럼 말이다.

그러나 너희는 택하신 족속이요 왕 같은 제사장들이
요 거룩한 나라요 그의 소유가 된 백성이니 이는 너
희를 어두운 데서 불러 내어 그의 기이한 빛에 들어
가게 하신 이의 아름다운 덕을 선포하게 하려 하심이
라(벧전 2:9).

베드로는 우리의 존재 목적이 구원의 놀라움을
선포함으로써 하나님이 얼마나 아름답고 값진 분인지
드러내는 것이라고 말한다. 우리가 4장에서 살펴본 대
로 고린도후서 4장에서 사도 바울은 사탄이 눈을 멀게
하는 역사와 성령께서 밝히 비추시는 역사를 설명한
후에 7절에서 이렇게 이어 간다. "우리가 이 보배를 질
그릇에 가졌으니 이는 심히 큰 능력은 하나님께 있고
우리에게 있지 아니함을 알게 하려 함이라"(고후 4:7).
보배는 복음이고, 우리는 그 보배를 담고 있는 질그릇
일 뿐이다.

생각해 보라. 만일 보배가 값비싼 도자기나 단단한
철갑 안에 담겨 있었다면, 사람들은 그 능력이 하나님이

아닌 그릇 자체에서 나온다고 오해했을 것이다. 그러나 우리는 인상적인 그릇이 아니다. 우리는 부서지기 쉬운 평범한 질그릇, 흙으로 빚어진 연약한 존재들이다.

우리 안에 있는 이 소식은 땅에 묻혀 있는 그 어떤 보석보다 값지다. 우리가 어디를 가든 이 보배도 함께 옮겨 다닌다. 우리의 부족함은 결점이 아니다. 오히려 핵심이다. 우리의 부족함이야말로 그리스도의 능력이 가장 선명하게 빛나는 무대가 되기 때문이다.

요한계시록의 환상을 다시 떠올려 보자.

그들이 새 노래를 불러 이르되 두루마리를 가지시고 그 인봉을 떼기에 합당하시도다 일찍이 죽임을 당하사 각 족속과 방언과 백성과 나라 가운데에서 사람들을 피로 사서 하나님께 드리시고 그들로 우리 하나님 앞에서 나라와 제사장들을 삼으셨으니 그들이 땅에서 왕 노릇 하리로다 하더라(계 5:9-10).

죄에서 대속함을 받고 새롭게 된 세상에서 영원히 왕 노릇 한다는 것보다 더 큰 목적을 상상하기란 어렵다. 하지만 이 모든 영광스러운 현실은 영원 가운데 울려 퍼질 최고의 찬양을 위한 배경 음악일 뿐이다. "합당하시도다 …… 일찍이 죽임을 당하사." 구원의 역사는 무한하고 거대하지만, 그 끝은 오직 '한 곳', 하나님의 영광이 높아지는 곳을 향한다. 그래서 요한이 본 환상의 스포트라이트는 결국 구원받은 무리에게서 떠나 보좌 위의 어린양에게로 옮겨 간다.

내가 또 들으니 하늘 위에와 땅 위에와 땅 아래와 바다 위에와 또 그 가운데 모든 피조물이 이르되 보좌에 앉으신 이와 어린 양에게 찬송과 존귀와 영광과 권능을 세세토록 돌릴지어다 하니(계 5:13).

세계 선교에 관한 고전으로 꼽히는 존 파이퍼의 《열방을 향해 가라》는 강렬한 문장으로 시작한다. 나는 여기서 '선교'라는 단어를 '전도'로만 바꿔서 옮겨 보았다. 이 말의 의미를 곱씹어 보라.

전도는 교회의 궁극적인 목표가 아니다. 예배가 궁극적이다. 그곳에 예배가 없기 때문에 전도가 필요한 것이다. 전도가 아니라 예배가 궁극적인 목표인 이유는, 사람이 아니라 하나님이 궁극적인 존재이기 때문이다. 이 세대가 끝나고 구속함을 받은 수많은 이들이 하나님의 보좌 앞에서 엎드릴 그날이 오면 전도는 더 이상 필요하지 않다. 그러나 예배는 영원히 남는다.[51]

복음을 전하는 특권을 깊이 누리는 동안, 나무만 보다가 숲을 놓치는 실수를 하지 말자. 가장 중요한 것은 전도라는 행위 자체가 아니라, 전도 가운데 드러나는 예배다. 복음을 붙들고, 삶의 맥락을 살피고, 잃어버린 이들을 사랑하고, 두려움을 마주하고, 마침내 입을 여는 것. 이 모든 탁월한 전략들에 몰두하다가, 어느 순간 그 모든 것의 이유가 되시는 하나님을 너무도 쉽게 놓쳐 버린다.

기억하라. 전도할 수 있는 시간은 한정되어 있다. 그러나 요한의 환상이 보여 주는 축제는 영원하다. 용서받은 죄인들은 새 하늘과 새 땅에서 그리스도의 복음, 그 기쁜 소식 안에서 영원무궁토록 기뻐할 것이다. 그렇다면 이제, 당신의 왕께 예배드리는, 이 영원하고 거룩한 일에 누구를 초대하겠는가?

이 거룩한 일에 누구를 초대하겠는가

확신을 주는 성경 구절 12개

부록

하나님의 말씀에 두려움을 직접 다루는 구절이 가득하다는 사실은 그리 놀랄 일이 아니다. 두려움은 우리가 너무나 쉽게 얽매이는 고질적인 성향 중 하나이기 때문이다.

여기에 소개하는 열두 구절은 내가 전도를 준비할 때 특히 큰 힘과 도움을 얻었던 말씀들이다. 앞으로 석 달 동안, 매주 한 구절씩 마음에 새기며 암송해 보면 어떻겠는가? 이 살아 있는 말씀들이 당신의 마음을 견고하게 하고, 불쑥 찾아오는 두려움을 잠잠케 하며, 사랑 안에서 진리를 담대히 선포하도록 돕는 강력한 능력이 되어 줄 것이다.

바울은 디모데에게 이렇게 말했다. "모든 성경은 하나님의 감동으로 된 것으로 교훈과 책망과 바르게 함과 의로 교육하기에 유익하니 이는 하나님의 사람으로 온전하게 하며 모든 선한 일을 행할 능력을 갖추게 하려 함이라"(딤후 3:16-17). 여기서 말하는 '모든' 선한 일에는 예외가 없다. 복음을 전하는 일 또한 하나님이 우리에게 능력을 갖추게 하신 가장 귀하고 선한 일이다.

1   시편 56:3-4

내가 두려워하는 날에는 내가 주를 의지하리이다 내가 하나님을 의지하고 그 말씀을 찬송하올지라 내가 하나님을 의지하였은즉 두려워하지 아니하리니 혈육을 가진 사람이 내게 어찌하리이까

2   잠언 29:25

사람을 두려워하면 올무에 걸리게 되거니와 여호와를 의지하는 자는 안전하리라

3   이사야 8:12-13

그들이 두려워하는 것을 너희는 두려워하지 말며 놀라지 말고 만군의 여호와 그를 너희가 거룩하다 하고 그를 너희가 두려워하며 무서워할 자로 삼으라

4   이사야 41:10

두려워하지 말라 내가 너와 함께 함이라 놀라지 말라 나는 네 하나님이 됨이라 내가 너를 굳세게 하리라 참으로 너를 도와 주리라 참으로 나의 의로운 오른손으로 너를 붙들리라

5   요한복음 15:5

나는 포도나무요 너희는 가지라 그가 내 안에, 내가 그 안에 거하면 사람이 열매를 많이 맺나니 나를 떠나서는 너희가 아무 것도 할 수 없음이라

6   사도행전 18:9-10

밤에 주께서 환상 가운데 바울에게 말씀하시되 두려워하지 말며 침묵하지 말고 말하라 내가 너와 함께 있으매 어떤 사람도 너를 대적하여 해롭게 할 자가 없을 것이니 이는 이 성중에 내 백성이 많음이라 하시더라

7   로마서 1:16

내가 복음을 부끄러워하지 아니하노니 이 복음은 모든 믿는 자에게 구원을 주시는 하나님의 능력이 됨이라 먼저는 유대인에게요 그리고 헬라인에게로다

8   고린도전서 2:1-5

형제들아 내가 너희에게 나아가 하나님의 증거를 전할 때에 말과 지혜의 아름다운 것으로 아니하였나니 내가 너희 중에서 예수 그리스도와 그가 십자가에 못 박히신 것 외에는 아무 것도 알지 아니하기로 작정하였음이라 내가 너희 가운데 거할 때에 약하고 두려워하고 심히 떨었노라 내 말과 내 전도함이 설득력 있는 지혜의 말로 하지 아니하고 다만 성령의 나타나심과 능력으로 하여 너희 믿음이 사람의 지혜에 있지 아니하고 다만 하나님의 능력에 있게 하려 하였노라

9   고린도후서 3:5

우리가 무슨 일이든지 우리에게서 난 것 같이 스스로 만족할 것이 아니니 우리의 만족은 오직 하나님으로부터 나느니라

10 갈라디아서 1:10

이제 내가 사람들에게 좋게 하랴 하나님께 좋게 하랴 사람들에게 기쁨을 구하랴 내가 지금까지 사람들의 기쁨을 구하였다면 그리스도의 종이 아니니라

11 데살로니가전서 2:3-4

우리의 권면은 간사함이나 부정에서 난 것이 아니요 속임수로 하는 것도 아니라 오직 하나님께 옳게 여기심을 입어 복음을 위탁 받았으니 우리가 이와 같이 말함은 사람을 기쁘게 하려 함이 아니요 오직 우리 마음을 감찰하시는 하나님을 기쁘시게 하려 함이라

12 디모데후서 1:7

하나님이 우리에게 주신 것은 두려워하는 마음이 아니요 오직 능력과 사랑과 절제하는 마음이니

Recommended Resources

더 읽을거리

회의적인 이웃과 대화를 돕는 책 7권

o Timothy J. Keller, *How to Reach the West Again: Six Essential Elements of a Missionary Encounter* (Redeemer City to City, 2020) 팀 켈러, 《팀 켈러의 탈기독교 시대 전도》(장성우 옮김, 두란노, 2022)

o Timothy J. Keller, *Making Sense of God: An Invitation to the Skeptical* (Viking, 2016) 팀 켈러, 《팀 켈러의 탈기독교 시대 전도》(윤종석 옮김, 두란노, 2018)

o Rebecca McLaughlin, *Confronting Christianity: 12 Hard Questions for the World's Largest Religion* (Crossway, 2019) 레베카 맥클러플린, 《기독교가 직면한 12가지 질문》(이여진 옮김, 죠이북스, 2021)

o Rebecca McLaughlin, *The Secular Creed: Engaging Five Contemporary Claims* (The Gospel Coalition, 2021) o Joshua Chatraw, *Telling a Better Story: How to Talk about God in a Skeptical Age* (Zondervan, 2020)

o Gavin Ortlund, *Why God Makes Sense in a World That Doesn't: The Beauty of Christian Theism* (Baker Academic, 2021)

o Mark Dever and Jamie Dunlop, *The Compelling Community: Where God's Power Makes a Church Attractive* (Crossway, 2015) 마크 데버, 제이미 던롭,《매력적인 공동체》(조계광 옮김, 개혁된실천사, 2021)

전도를 돕는 책 10권

o Isaac Adams, *What If I'm Discouraged in My Evangelism?* (Crossway, 2020)

o J. I. Packer, *Evangelism and the Sovereignty of God* (InterVarsity, 2012) 제임스 패커, 《제임스 패커의 복음전도란 무엇인가》(조계광 옮김, 생명의말씀사, 2012)

o Mack Stiles, *Marks of the Messenger: Knowing, Living, and Speaking the Gospel* (InterVarsity, 2010)

o Mack Stiles, *Evangelism: How the Whole Church Speaks of Jesus* (Crossway, 2014) 맥 스타일즈, 《전도》(김태곤 옮김, 부흥과개혁사, 2016)

o Mark Dever, *The Gospel and Personal Evangelism* (redesigned edition: Crossway, 2017) 마트 데버, 《복음과 개인전도》(김귀탁 옮김, 부흥과개혁사, 2009)

o Will Metzger, *Tell the Truth: The Whole Gospel Wholly by Grace Communicated Truthfully and Lovingly* (fourth edition: InterVarsity, 2012)

o Randy Newman, *Questioning Evangelism: Engaging People's Hearts the Way Jesus Did* (second edition: Kregel, 2017) 랜디 뉴먼, 《전도, 예수님처럼 질문하라》(윤종석 옮김, 두란노, 2013)

o Rebecca Manley Pippert, *Stay Salt: The World Has Changed-Our Message Has Not* (The Good Book Company, 2020) 레베카 피펏, 《좋아서 하는 전도》(이철민 옮김, IVP, 2022)

o Sam Chan, *Evangelism in a Skeptical World: How to Make the Unbelievable News about Jesus More Believable* (Zondervan, 2018)

o Elliot Clark, *Evangelism as Exiles: Life on Mission as Strangers in Our Own Land* (The Gospel Coalition, 2019)

미주

서문. 전도하기를 망설이는 이들에게

[1]Matt Smethurst, *Before You Open Your Bible: Nine Heart Postures for Approaching God's Word* (10Publishing, 2019). 맷 스메서스트, 《성경 읽고 싶어지는 책》(구름이머무는동안 역간 예정)

[2]Edward T. *Welch, When People Are Big and God Is Small: Overcoming Peer Pressure, Codependency, and the Fear of Man* (P&R, 1997). 에드워드 T. 웰치, 《사람이 커 보일 때 하나님이 작아 보일 때》(개혁주의신학사 역간)

1. 가장 먼저 할 일

[3]성육신은 수세기에 걸친 약속이 마침내 성취된 사건이며, 오랫동안 응축되어 온 갈망과 소망이 마침내 터져 나온 순간이었다. 예수님은 뱀의 머리를 상하게 할 여자의 후손(창 3:15), 아브라함의 자손(창 12:1-3), 다윗의 자손(삼하 7:14)이시다. 그분이야말로 이스라엘이 오랫동안 기다려 온 종이요 왕이신 분(사 52:13-53:12)이시다.

[4]Stuart Townend, "How Deep the Father's Love for Us" (1990).

[5]이 구분은 매트 챈들러에게 빚지고 있다. Matt Chandler, *The Explicit Gospel* (reprinted by Crossway, 2014)을 보라. 매트 챈들러,

《완전한 복음》(새물결플러스 역간).

6하나님의 삼위일체적 본성과 아버지 되심의 사랑을 깊이 있게 다룬 책으로는 Michael Reeves, *Delighting in the Trinity: An Introduction to the Christian Faith* (IVP Academic, 2012)을 보라. 마이클 리브스,《선하신 하나님》(복있는사람 역간)

7여기서 말하는 요지는 '개별적인 죄들(sins, 구체적 행위)' 이전에 인간 안에 자리한 '죄(sin, 죄의 뿌리, 죄성)'가 있다는 뜻이다.(옮긴이 주)

8원 출처를 정확히 특정하기는 어렵지만, 이 진술과 앞서 언급한 '전 우주적 반역'이라는 개념은 흔히 R. C. 스프라울의 말로 알려져 있다.

9에베소서 2:4은 원문상 "그러나"(δέ)로 전환되는 구절이다. 개역개정은 이를 드러내지 않지만, 대조 전환의 의미는 문맥에서 충분히 읽힌다.(옮긴이 주)

10이 말은 텍사스주 덴턴에 있는 덴턴성경교회(Denton Bible Church)에서 오랫동안 목회한 토미 넬슨(Tommy Nelson)의 설교에서 들었다. 또한 Sinclair Ferguson, *Devoted to God: Blueprints for Sanctification* (Banner of Truth, 2016), 178쪽에도 같은 표현이 나온다. 싱클레어 퍼거슨,《거룩의 길》(복있는사람 역간)

[11]Richard Sibbes, *The Bruised Reed* (1630; reprinted by Banner of Truth, 1998), 13쪽. 리처드 십스, 《꺼져가는 심지와 상한 갈대의 회복》(지평서원 역간)

[12]John Stott, *The Cross of Christ* (twentieth anniversary edition: InterVarsity, 2006), 159쪽. 존 스토트, 《그리스도의 십자가》(IVP 역간)

[13]이 단락의 일부는 Matt Smethurst, "Is There Proof of Heaven?" (The Gospel Coalition, 2016년 4월 6일)에서 발췌하였다. https://www.tgc.org/article/is-there-proof-of-heaven에서 가져왔다.

[14]싱클레어 퍼거슨은 이렇게 말한다. "믿음은 언제나 회개를 동반하고, 회개는 언제나 믿음을 동반한다." Sinclair Ferguson, *The Whole Christ: Legalism, Antinomianism, and Gospel Assurance—Why the Marrow Controversy Still Matters* (Crossway, 2016), 104쪽 각주 17을 보라. 싱클레어 퍼거슨, 《온전한 그리스도》(디모데 역간)

2. 이해를 가로막는 잡음

[15]Timothy J. Keller의 소책자 *How to Reach the West Again: Six Essential Elements of a Missionary Encounter* (Redeemer City to City, 2020)

를 보라. 팀 켈러,《팀 켈러의 탈기독교 시대 전도》(두란노 역간)

[16]맥락화(contextualization)란 복음의 내용은 바꾸지 않되, 청중이 알아듣도록 설명 방식과 표현을 조정하는 것을 가리킨다.(옮긴이 주)

[17]Martin Luther, *On the Freedom of a Christian* (1520). 마틴 루터, 《그리스도인의 자유》

[18]이에 대해서는 랜디 뉴먼의 작업이 도움이 된다. 예를 들어 Randy Newman, *Questioning Evangelism: Engaging People's Hearts the Way Jesus Did* (second edition, Kregel, 2017)를 보라.

[19]John Piper, "Preaching as Concept Creation, Not Just Contextualization" (Desiring God, April 10, 2008). https://www.desiringgod.org/articles/preaching-as-concept-creation-not-just-contextualization에서 볼 수 있다.

[20]C. S. Lewis, *Mere Christianity* (1952), 49쪽. C. S. 루이스, 《순전한 기독교》(홍성사 역간)

[21]팀 켈러가 설교자에게 준 다음 조언은, 복음 전도 목적의 성경 공부를 인도하는 모든 신자에게도 적용된다. "그리스도 중심으로 설교하는 한 가지 방법은 오직 그리스도만이 해결하시고(주제), 감당하시며(율법), 완성하시고(이야기), 성취하실

수 있는(상징) 복음의 '조각들'을 찾아내는 것이다." Timothy J. Keller, "Preaching the Gospel in a Postmodern World" "Preaching the Gospel in a Postmodern World" (Reformed Theological Seminary's Doctor of Ministry Program, January 2002) 강의노트, 35쪽을 보라. https://servantofmessiah.org/wp-content/uploads/2015/09/Timothy-Keller-Preaching-the-Gospel-in-a-Post-Modern-World-Rev-2002.pdf에서 볼 수 있다.

[22]예를 들어 Timothy J. Keller, *Encounters with Jesus: Unexpected Answers to Life's Biggest Questions* (Viking, 2013), 38쪽을 보라. 팀 켈러,《팀 켈러의 인생 질문》(두란노 역간)

3. 있어서가 아니라 없어서

[23]이번 단락은 부분적으로 Matt Smethurst, "3 Ways to Share the Gospel This Week" (The Gospel Coalition, 2016년 1월 25일)를 각색한 것이다. https://www.tgc.org/article/3-ways-to-share-the-gospel-this-week에서 볼 수 있다.

[24]John Stott, *The Message of 1 and 2 Thessalonians* (IVP Academic, 1994), 45쪽. 이 인용문과 해당 본문에 대한 추가 논의는 Matt Smethurst, *1-2 Thessalonians: A 12-Week Study, Knowing the Bible* (Crossway, 2017), 22쪽에서도 확인할 수 있다. 존 스토트,《데살로니가전후서》(IVP 역간), 맷 스메서스트《ESV 성경공부 시리

즈: 데살로니가전후서》(부흥과개혁사 역간)

[25] '접촉 전도'에 대한 긍정적인 논의는 5장을 보라.

[26] C. S. Lewis, *The Weight of Glory* (HarperCollins, 2001), 45-46쪽. C. S. 루이스, 《영광의 무게》(홍성사 역간)

[27] 이 구절은 J. B. Phillips의 *New Testament in Modern English*에서 이렇게 번역되었다. J. B. 필립스, 《예수에서 교회까지_필립스 성경: 사도행전, 서신서, 계시록》(아바서원 역간)

[28] 기독교 힙합 아티스트 Shai Linne은 자신의 노래 "Taste and See"를 이렇게 시작한다. "세상은 노골적인데, 왜 우리는 에둘러 말해야 하지?" 그의 앨범 *The Attributes of God* (2011)에서 가져온 것이다.

[29] 이 표현은 팀 켈러에게 빚지고 있다. https://twitter.com/timkellernyc/status/394842579491360769.

[30] David Augsburger, *Caring Enough to Hear and Be Heard* (Baker, 1982), 12쪽.

[31] Jillette의 발언은 https://www.youtube.com/watch?v=6md638smQd8에서 확인할 수 있다.

4. 누구의 일인가

[32]거룩한 자기 대화는 성경 곳곳에 풍성하게 나타난다. 예를 들어 시편 기자는 자기 자신과 이렇게 대화한다. "내 영혼아 네가 어찌하여 낙심하며 어찌하여 내 속에서 불안해 하는가 너는 하나님께 소망을 두라 그가 나타나 도우심으로 말미암아 내가 여전히 찬송하리로다"(시 42:5, 11). 마틴 로이드 존스는 《영적 침체》의 첫 장에서 이 본문을 묵상하며 이렇게 말한다. "인생에서 대부분의 불행은 우리가 자아에게 말하는 대신 오히려 자아의 말을 듣는 데 있음을 깨달은 적이 있는가?" D. Martyn Lloyd-Jones, *Spiritual Depression: Its Causes and Cure* (Eerdmans, 1965), 20-21쪽을 보라. 마틴 로이드 존스, 《영적 침체》(복있는사람 역간)

[33]Mack Stiles, Evangelism: *How the Whole Church Speaks of Jesus* (Crossway, 2014), 43쪽. 그는 다음과 같은 중요한 점도 덧붙인다. "전도 문화가 있는 교회에서는 모두가 전도에 참여하고 있다는 인식이 있다. '전도는 내 은사가 아니야'라는 말을 들어본 적이 있는가? 마치 그것이 믿음을 나누지 않아도 되는 이유가 되는 것처럼 말이다. 그것은 전도에 대한 미숙한 이해일 뿐이다. 모든 그리스도인이 믿음을 나누도록 부름받았다는 사실은 은사의 문제가 아니라 주님을 향한 신실함의 문제다"(54쪽). 맥 스타일즈, 《전도: 한 목소리로 예수님을 전하는 교회》(부흥과개혁사 역간)

34 '무리'(swarm/mob) 전도의 아름다운 사례는 Jamie Dunlop, "The Power of Mob Evangelism" (The Gospel Coalition, 2015년 10월 26일) 참조. https://www.tgc.org/article/power-mob-evangelism. 또한 Mark Mittelberg, *Contagious Faith: Discover Your Natural Style for Sharing Jesus with Others* (Zondervan, 2021)도 보라.

35 지난 여러 해 동안 흔들리는 내 믿음을 붙들어 준 예레미야서 말씀이 두 구절 있다. 첫째는 "내가 내 말을 지켜 그대로 이루려 함이라"(렘 1:12)다. 진리를 전하는 것은 우리의 몫이지만, 그 말씀이 열매를 맺게 하시는 일은 하나님의 몫이다. 이 사실이 얼마나 우리를 책임의 무게에서 자유롭게 하는가! 둘째는 "내 말이 불 같지 아니하냐 바위를 쳐서 부스러뜨리는 방망이 같지 아니하냐"(렘 23:29)다. 요점은 이렇다. 하나님의 말씀이 신실하게 선포될 때 그 어떤 완고한 마음도 녹이고 깨뜨릴 수 있음을 하나님께서 친히 보증하신다. 우리가 그보다 못한 것을 목표로 수고하고 기도해도 되겠는가? 영적인 공동묘지라는 이미지는 Mark Dever, "How to Survive a Cultural Crisis" (The Gospel Coalition, 2013년 5월 27일)에서 가져왔다. https://www.tgc.org/article/how-to-survive-a-cultural-crisis에서 볼 수 있다.

36 이 장의 일부는 Matt Smethurst, "What Are We Afraid of?" (*Tabletalk*, 2018년 1월)를 각색한 것이다. https://tabletalkmagazine.com/article/2018/01/what-are-we-afraid-of에서 볼 수 있다.

37 "무리"는 헬라어로 '양 떼'를 뜻한다.(옮긴이 주)

38 나는 Rebecca McLaughlin, D. A. Carson과 함께 "Help! I'm Not Ready to Share My Faith" (The Gospel Coalition, 2019년 3월 5일)라는 짧은 영상에서 전도와 관련된 두려움과 그것을 극복하는 길을 함께 다루었다. https://www.tgc.org/podcasts/tgc-podcast/help-im-not-ready-share-faith에서 볼 수 있다.

5. 주어진 자리에서

39 Mack Stiles와의 사적인 대화에서.

40 H. B. Charles Jr., *It Happens After Prayer: Biblical Motivation for Believing Prayer* (Moody, 2013), 16쪽.

41 존 스토트는 전도에 대한 무관심이 내면의 삶을 소홀히 하는 데서 비롯된다고 경고한다. "겉으로 드러나지 않는, 우리 영적 경험의 빈곤만큼 입을 다물게 하고, 입술을 봉하며, 혀를 묶는 것은 없다. 우리가 증언하지 않는 이유는 단순하다. 증언할 것이 없기 때문이다. …… 생명의 떡이 우리를 만족시키지 못한다는 게 우리 모습에서 드러나는데, 불신자들이 왜 그것이 자신들을 만족시킬 것이라 여기겠는가?" John Stott, *Evangelism: Why and How* (InterVarsity, 1962), 29쪽을 보라. 존 스토트, 《전도란 무엇인가》(IVP 역간)

[42]Megan Hill, *A Place to Belong: Learning to Love the Local Church* (Crossway, 2020), 114쪽.

[43]나는 이 아이디어를 Andrew Wilson, "Tim Keller's Invitation to the Skeptical" (The Gospel Coalition, 2016년 9월 21일)에서 처음 접했다. https://www.tgc.org/reviews/making-sense-of-god에서 볼 수 있다.

[44]이런 인상적인 이미지는 John Starke에게 빚지고 있다.

[45]Mack Stiles는 G. K. 체스터턴의 유명한 경구를 소개한 것이다. Mack Stiles, *Evangelism: How the Whole Church Speaks of Jesus* (Crossway, 2014), 42쪽을 보라. 맥 스타일즈, 《전도》(부흥과개혁사 역간)

[46]이 이야기는 Jonathan Leeman, *Word-Centered Church: How Scripture Brings Life and Growth to God's People* (Moody, 2017), 109쪽(6장 서두)에 소개되어 있다.

[47]Kate B. Wilkinson, "May the Mind of Christ, My Savior" (1925).

[48]누가복음 15:1-10에 대한 J. C. Ryle의 논평은 *Expository Thoughts on Luke, vol. 1* (1856; Banner of Truth, 1986 재인쇄)를 보라. J. C. 라일, 《존 라일 사복음서 강해 - 누가복음 2》(CLC 역간)

49이 문구는 한국대학생선교회(Campus Crusade for Christ, 현재 Cru)
의 설립자인 Bill Bright에게 빚지고 있다.

결론. 이 거룩한 일에 누구를 초대하겠는가

50John Stott, *The Message of Romans*, The Bible Speaks Today (IVP
Academic, 1994), 53쪽. 존 스토트, 《로마서 강해》(IVP 역간)

51John Piper, Let the Nations Be Glad!: *The Supremacy of God in
Missions* (third edition; Baker Academic, 2010), 15쪽. 존 파이퍼, 《열
방을 향해 가라》(좋은씨앗 역간)

전도하고 싶어지는 책
복음을 전할 준비

2026년 4월 10일 초판 1쇄 인쇄
2026년 4월 20일 초판 1쇄 발행

지은이　맷 스메서스트
옮긴이　강동현

펴낸이　고태석
디자인　박창규
편집　소유 | 김세나
펴낸곳　구름이 머무는 동안

출판등록　2021년 6월 4일 제2022-000183호
이메일　cloud_stays@naver.com
인스타그램　cloudstays_books

ISBN　979-11-995981-2-6 (03230)